새 연세한국어 듣기와 읽기 4-2

연세대학교 한국어학당 편

연세대학교 출판문화원

머리말

연세대학교 한국어학당은 1959년에 설립된 한국 최초의 외국어로서의 한국어 교육 기관이다. 연세대학교 한국어학당은 그간의 역사와 명성에 걸맞게 다양한 한국어 교재 편찬 및 관련 연구를 해옴으로써 한국어 교육을 선도해 왔다. 지금까지 전 세계에서 온 약 150여 개국의 17만여 명에 이르는 한국어 학습자에게 한국어와 한국 문화를 가르쳐 왔으며, 최근에는 빠른 속도로 변화해 가는 교육 환경에 맞추어 오프라인 한국어 교육뿐만 아니라 온라인 한국어 교육 콘텐츠 개발에도 노력을 기울이고 있다. 이미 세계 각국의 한국어 학습자를 대상으로 글로벌 온라인 대중 공개 강좌(MOOC)를 개설하여 학습자들로부터 큰 호응을 얻었고 연세대학교 온라인 교육 혁신 플랫폼인 런어스(LearnUs)에도 최신 기술을 활용한 한국어 콘텐츠를 올려서 학습자들을 만나는 중이다.

연세대학교 한국어학당은 그간 일반 목적 한국어 학습자들뿐만 아니라 특수 목적 한국어 학습자들을 대상으로 정규과정, 단기과정, 대학 한국어 과정 등 다양한 교육과정을 개설 운영하면서 학습자의 요구에 부응하는 최상의 교재를 개발해 왔다. 이러한 교재들은 국내외의 한국어 교육 기관에서 교사와 학습자들의 다양한 요구를 충족시키며 양질의 한국어 교수·학습을 위해 널리 사용되고 있다.

연세대학교 한국어학당은 그간 가장 큰 호응을 받아 왔던 '연세한국어' 1급~6급의 뒤를 이을 새로운 교재로 '새 연세한국어' 시리즈를 기획 출간하게 되었다. 이 교재의 개발을 위해 한국어 교육 현장 경험이 풍부한 전문 한국어 교육학자 및 교사들이 대거 투입되었고 최상의 한국어 교수법 및 학습자 집단의 요구에 대한 이해를 바탕으로 개발 작업이 장기간에 걸쳐 수행되었다.

이번에 출간된 '새 연세한국어' 시리즈는 총 6단계로 각 단계마다 어휘와 문법 교재, 말하기와 쓰기 교재, 듣기와 읽기 교재로 구성되어 있다. '새 연세한국어 어휘와 문법'은 한국어 학습자들이 각 숙달도별로 가장 필수적으로 익혀야 하는 주요 어휘와 문법에 대한 이해와 활용을 중심으로 구성되었다. '새 연세한국어 말하기와 쓰기'는 원활한 한국어 의사소통을 위해 꼭 필요한 표현 기능을 수행할 수 있도록 말하기, 쓰기 과제를 중심으로 구성되었다. 또한 '새 연세한국어 듣기와 읽기'는 듣기, 읽기 과제를 중심으로 각 급별 숙달도에 적절한 이해 능력을 함양시킬 수 있도록 구성되었다. 이 세 권의 교재는 어휘·문법, 표현, 이해 능력의 고른 발달을 위해 패키지로 함께 사용될 수도 있고, 교육 현장 여건이나 학습자의 요구에 따라 별도로 사용될 수도 있다. 또한 어휘와 문법 교재의 경우 별도의 지침서가 무료로 제공되므로 교육 경험이 다소 부족한 국내외의 한국어 교사들에게 유용한 길잡이가 될 수 있을 것이다.

연세대학교 한국어학당은 앞으로도 전 세계의 한국어 학습자들의 요구와 기대에 부응하는 교재 개발을 위해 최선을 다할 것이다. 아울러 본 교재가 국내외에서 한국어 교육을 위해 노력을 아끼지 않는 많은 교사와 한국어 학습을 위해 노력하는 모든 학습자들에게 크게 도움이 되기를 바란다.

연세대학교 언어연구교육원
한국어학당 교재편찬위원회

일러두기

01 이 책은 <새 연세한국어 어휘와 문법4>, <새 연세한국어 말하기와 쓰기4>와 함께 한국어 중급 학습자들을 위한 교재이다.

02 이 책은 한국어 중급 학습자들이 한국어로 된 글과 말을 읽거나 듣고 이해할 수 있는 능력을 키우기 위해 구성된 이해 능력 개발 교재이다.

03 이 책은 총 20과이며 각 과는 2개 항으로 구성되어 총 40개 항이 있다. 그리고 2개 과마다 복습을 할 수 있도록 복습 10개 항을 구성했으며 2개 항마다 한국 문화에 대한 소개가 있다. 각 항은 각각 50분 수업 분량으로 이 책은 총 50개 항으로 구성되어 있다.

04 이 책의 각 항은 '제목, 학습 목표, 준비해 봅시다, 들어 봅시다(읽어 봅시다)/읽어 봅시다(들어 봅시다), 정리해 봅시다'의 3단계로 구성되었다. 이해 교재의 모든 항은 듣기와 읽기의 기능이 통합된 형태로 구성된다

05 각 과의 제목은 <새 연세한국어 어휘와 문법 4>와 동일하나 각 항의 제목은 해당 항의 내용을 대표할 수 있는 개념으로 항의 제목을 설정했다. 또한 제목 옆에 QR코드를 넣어 녹음된 내용을 쉽게 확인할 수 있도록 하였다.

06 학습 목표는 '-을 이해할 수 있다', 또는 ' ~ 관련 내용을 이해할 수 있다'와 같이 이해 기능이 드러나도록 기술했다.

07 '준비해 봅시다'는 각 항의 들어가기에 해당되며 해당 단원의 읽기와 듣기 내용의 이해를 돕기 위한 준비 단계이다. 단원의 주제와 내용에 대한 배경지식을 환기시키는 시각 자료의 제시와 간단한 듣기 또는 읽기 활동으로 구성된다.

08 '들어 봅시다'는 구어를 통해 실생활에서 활용가능한 의사소통 능력을 배양할 수 있도록 하였다. 듣기 지문의 경우 짧은 담화 듣기에서 시작하여 긴 담화 듣기로 듣기 단위를 순차적으로 확대하여 제시하였다. 담화는 일상생활 듣기뿐만 아니라 뉴스, 방송, 광고, 캠페인, 토론 등 공식적이고 사회적인 맥락까지 고려하여 제시하였다.

09 '읽어 봅시다'는 중급 단계의 학습 목표에 따라 일상생활에서의 문어 의사소통 능력을 향상시키는 데 초점을 두어 실생활에서 접할 수 있는 다양한 자료를 제시하였다. 또한 일상생활뿐만 아니라 사회적 맥락에서 접할 수 있는 다양한 실용문들을 읽고 내용을 파악하도록 하는 유형이 많다.

10 '정리해 봅시다'는 학습한 내용을 학습자 스스로 확인 및 점검을 하면서 다른 언어 능력과의 통합 교육을 통해 언어 능력을 강화하고자 설정한 부분이다. 이 부분에서는 학습 내용을 말하기, 듣기, 읽기, 쓰기 활동과 통합할 수 있도록 구성하였다.

11 '복습'에서는 선행 학습된 2개 과의 어휘와 문형, 주제를 활용할 수 있도록 읽기로 구성하였다. 각 항에서 배운 내용을 감안하여 읽기에 초점을 두고 다른 한 기능을 연계시켜 통합적인 학습이 가능하도록 유도하였다.

12 '문화'는 복습 항 마지막 부분에 문화 텍스트가 삽화 자료와 함께 제시된다. 문화 항목 중 이해 교재의 특성에 부합하는 내용을 선정하여 정보 문화 중심으로 구성하였다.

13 '부록'에는 듣기 지문과 정답 및 어휘 색인 목록을 제시하였다.

단원구성

과	제목	학습 목표	문법	문화
11과 현대인과 도시 생활	<1> 현대인과 시간	시간 관리에 대한 내용을 듣고 이해할 수 있다.	-는다든가 -는다든가 -는다니까	수직정원
	<2> 도심 속 자연, 여의도 공원	공원을 설명하는 글을 읽고 이해할 수 있다.	-더니[2] -었다 하면	
12과 문화의 이해	<1> 한국어의 존댓말	존댓말에 대한 강연을 듣고 이해할 수 있다.	-는다고 해도 -을 걸 그랬다	
	<2> 한국인의 정	한국인의 정에 대한 글을 읽고 이해할 수 있다.	치고 -는 것처럼	
13과 여행과 발견	<1> 날씨와 국내 여행	날씨와 국내 여행에 대한 이야기를 듣고 이해할 수 있다.	-는 김에 만 해도	무영탑
	<2> 혼자 하는 여행	혼자 하는 여행에 대한 글을 읽고 이해할 수 있다.	-다가는 -게 마련이다	
14과 대중 문화	<1> TV프로그램	TV프로그램에 대한 내용을 듣고 이해할 수 있다.	-는다고요 -었더라면	
	<2> 1인 방송인	1인 방송인에 대한 내용을 읽고 이해할 수 있다.	에 관한 -는다면야	
15과 여가 생활	<1> 한국인의 여가 생활	여가 생활에 대한 이야기를 듣고 이해할 수 있다.	-는가 하면 -는다는	월드컵 공원
	<2> 여가 시간 잘 보내기	문화센터 수업의 소개글을 읽고 이해할 수 있다.	-는다지요? -든지 -든지	

과	제목	학습 목표	문법	문화
16과 생활 속의 환경 문제	<1> 버려지는 물건의 재활용	쓰레기 재활용에 대한 대화를 듣고 이해할 수 있다.	-게요 -던가요?	월드컵 공원
	<2> 플라스틱 사용을 줄이기 위한 노력	플라스틱 사용을 줄이는 노력에 대한 글을 읽고 이해할 수 있다.	-더니[3] -도록 하다	
17과 개인과 공동체	<1> 우리 사회의 개인주의	우리 사회의 개인주의에 대한 이야기를 듣고 이해할 수 있다.	-었을 텐데 -는 둥 마는 둥 하다	서울 역사 박물관
	<2> 따로 또 같이, 함께 사는 집	함께 사는 집에 대한 글을 읽고 이해할 수 있다.	-는 만큼 -는다고[1]	
18과 변화하는 사회	<1> 새로운 가치관	새로운 가치관에 대한 내용을 듣고 이해할 수 있다.	-꼴로 -는 수가 있다	
	<2> 새롭게 태어난 도시	새롭게 태어난 도시에 대한 내용을 읽고 이해할 수 있다.	-으려나 보다 하면	
19과 나의 삶	<1> 선택의 삶	우리 삶의 선택에 관한 이야기를 듣고 이해할 수 있다.	-는다며 -을 따름이다	동지
	<2> 나의 꿈	꿈을 위해 노력하는 사람의 이야기를 읽고 이해할 수 있다.	과연 -을까요? -어 가면서	
20과 한국의 명절	<1> 여러 나라의 새해 풍습	새해 풍습에 대한 강연을 듣고 이해할 수 있다.	이야 -으라고	
	<2> 한국인의 추석	추석에 대한 수필을 읽고 이해할 수 있다.	-게[2] -으랴 -으랴	

차례

등장인물 | Main characters

에릭 파커
- 미국
- 한국어학당 학생
- 한국전자 직원

존 카마우
- 케냐
- 한국어학당 학생
- 교환학생

사토 유키
- 일본
- 한국어학당 학생
- 기자

리타오
- 중국
- 한국어학당 학생
- 대학 입학 예정자

노라 한슨
- 노르웨이
- 한국어학당 학생
- 대학원 입학 예정자

최주앙
- 브라질
- 한국어학당 학생
- 대학 휴학생

응웬 흐엉
- 베트남
- 한국어학당 학생

레오 마르탱
- 프랑스
- 한국어학당 학생
- 요리사

올리비아 스미스
- 호주
- 한국어학당 학생
- 외교관

이윤아
- 한국
- 대학생

정하늘
- 한국
- 대학생

김우진
- 한국
- 한국전자 직원

새 연세한국어

듣기와 읽기 4-2

11과 현대인과 도시 생활

1. 현대인과 시간

MP3 / 21

• 학습 목표: 시간 관리에 대한 내용을 듣고 이해할 수 있다.

I. 준비해 봅시다

1 여러분은 시간 관리를 잘하는 사람입니까?

표트르 일리치 차이코프스키

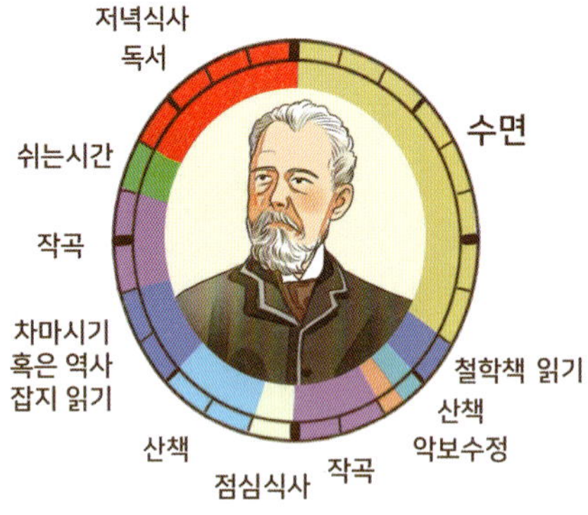

임마누엘 칸트

2 다음글을 읽고 아래 빈칸에 알맞은 말을 쓰십시오.

<100달러 지폐 속의 벤자민 프랭클린>

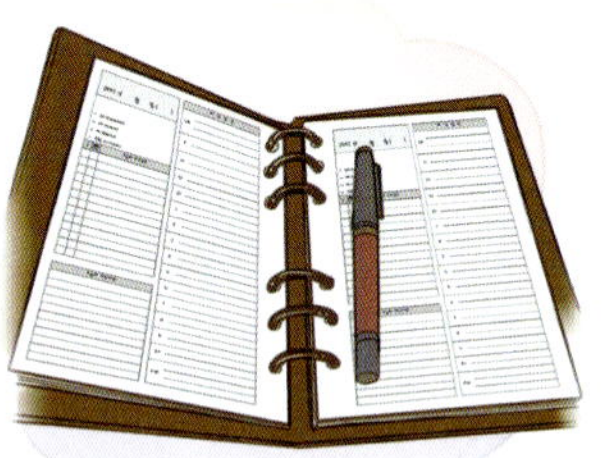

<전 세계 3000만 명의 사람들이 사용하는 프랭클린 다이어리>

벤자민 프랭클린은 1700년대 미국의 유명한 정치가로 미국인들에게 많은 존경을 받는 사람이다. 가난한 집안에서 태어나서 초등학교 2학년 때까지만 학교를 다닌 그가 어떻게 이런 사람이 될 수 있었을까?

그는 자신의 시간을 잘 관리하기 위하여 노력하였다. 50년 동안 하루도 빼놓지 않고 계획을 세우고 그 계획을 잘 지켰는지 날마다 확인하여 수첩에 기록하였다.

정치가

벤자민 프랭클린이 존경받는 사람이 될 수 있었던 것은
그의 ______________ 덕분이다.

II. 들어 봅시다

[1] 듣고 질문에 답하십시오.

1 들은 내용과 다른 것은 무엇입니까? (   )

① 시간이 부족하다고 느끼는 현대인들이 많다.
② 조사 결과 하루 평균 8시간 이상 잠을 자는 사람들이 가장 많았다.
③ 일이나 공부가 밀려 있을 때 시간이 부족하다고 느끼는 사람이 많았다.
④ 잠을 많이 자면 다른 사람보다 뒤떨어진다고 생각하는 현대인들이 있다.

[2~3] 듣고 질문에 답하십시오.

2 남자에 대한 이야기로 들은 내용과 다른 것을 고르십시오. (   )

① 평소에도 계획을 자주 세운다.
② 여행 계획을 구체적으로 세운다.
③ 여행지에 도착한 후에 꼼꼼하게 계획을 세운다.
④ 계획을 세우면 시간을 낭비하지 않을 수 있다고 생각한다.

3 윤아와 같은 생각을 가진 사람은 누구입니까? (   )

① 하늘: "인생은 계획한 대로 되지 않을 때도 있어."
② 리타오: "여행은 우리 인생에서 중요한 것이 아니야."
③ 유키: "시간에 쫓기지 않도록 효율적으로 시간을 관리해야 해."
④ 에릭: "계획을 세우면 더 많은 것을 경험할 수 있는 기회가 생겨."

응답자 목록 묶다 헤매다 낭비하다 구체적

[4~6] 듣고 질문에 답하십시오.

4 무슨 이야기입니까? (　　)

① 시간 관리 방법에 대한 유명인의 인터뷰
② 시간 관리의 중요성에 대해 이야기하는 강연
③ 효율적인 학습 방법에 대한 유명인의 인터뷰
④ 현대인들이 바쁜 하루를 보내는 이유를 설명하는 강연

5 서은호 대표에 대한 설명으로 들은 내용과 같은 것은 무엇입니까? (　　)

① 대학 시절에는 하루에 4~5시간을 잤다.
② 소개한 시간 관리 방법을 오늘부터 실천에 옮길 계획이다.
③ 기업의 대표 일을 그만둔 후 요즘은 대학에서 강의를 하고 있다.
④ 요즘도 시간을 효율적으로 사용하지 못하고 있다는 생각을 한다.

6 서은호 대표가 이야기한 시간 관리 방법 세 가지를 쓰십시오. 그리고 연결하십시오.

㉮ 자기 전에 내일 할 일 쓰기 ·

㉯ ________________ ·

㉰ ________________ ·

· 1) 집중력이 높은 시간이어서 더 빨리 일을 처리할 수 있다.

· 2) 출퇴근 시간을 이용하여 책을 읽거나 공부를 한다.

· 3) 준비된 상태로 아침을 맞을 수 있다.

원칙　자투리　실천하다　점검하다　유명인

III. 정리해 봅시다

다음의 명언을 들어본 적이 있습니까? 무슨 의미일까요?

시간은 금이다.

벤자민 프랭클린

11과 현대인과 도시 생활

2. 도심 속 자연, 여의도 공원

MP3 / 22

• 학습 목표: 공원을 설명하는 글을 읽고 이해할 수 있다.

Ⅰ. 준비해 봅시다

1 여러분은 도시에 살고 있습니까? 여러분 집 근처에 자연을 느낄 수 있는 곳이 있습니까?

2 서울 식물원에 대한 이야기로 들은 내용과 다른 것은 무엇입니까? (　　)

① 서울 강서구에 생겼다.
② 여의도 공원보다 조금 작다.
③ 시민들이 쉴 수 있는 공간이다.
④ 식물원에서 세계 여러 나라의 식물을 볼 수 있다.

식물원

II. 읽어 봅시다

다음 글을 읽고 질문에 답하십시오.

도심 속 자연, 여의도 공원

Y 인터넷뉴스, 8만 팔로워
06.14.10:01

국회의사당과 방송국 그리고 다양한 고층 빌딩이 있는 서울의 도심 여의도. 그 한 가운데에 자연의 공간, 여의도 공원이 있다. 늘 자연이 그리운 현대인들에게 시원한 바람과 맑은 공기를 전해 주는 그곳이 바로 여의도 공원이다.

처음부터 여의도의 중심에 이렇게 큰 공원이 있었던 것은 아니다. 이곳은 1910년대에는 비행장이었다. 1953년에는 이곳이 국제공항이 되었으나 비가 오면 물에 잠기는 문제점이 있어서 1958년 김포로 국제공항을 옮겼고 이후에는 이곳을 비행장으로 사용하는 일이 점점 줄어들게 되었다. 1970년대에 잠시 '5.16 광장'이라는 이름으로 불리며 나라의 행사나 정치적인 모임을 위한 장소로 쓰이다가 1980년대에는 '여의도 광장'이 되었다. 여의도 광장은 모든 곳이 아스팔트로 덮여 있었는데 그때 서울에는 다른 놀 만한 공간이 없어서 자전거를 타거나 데이트를 하는 사람들로 항상 붐볐다. 이후 큰 광장보다 편하게 쉴 수 있는 공원이 필요하다는 시민들의 요구에 따라서 1997년부터 공사를 시작하였다. 그리고 1999년에 나무와 잔디와 물이 있는 지금의 '여의도 공원'이 되었다.

약 7만 평 크기의 여의도 공원은 한국전통의 숲, 잔디마당, 문화의 마당, 자연생태의 숲, 이렇게 4개의 공간으로 이루어져 있다. 한국전통의 숲은 우리나라에서 자주 볼 수 있는 나무들을 심어 놓은 곳이다. 한국전통의 숲이 시작하는 곳에는 연못 '지당'과 연못이 보이는 정자 '사모정'이 있다. 연못에는 오리 몇 마리가 헤엄쳐 다니고 공원 밖에 있는 빌딩의 모습이 물에 보인다. 한국의 전통과 현재를

국회의사당 도심 비행장 줄어들다 광장 아스팔트 붐비다 요구 잔디
평 심다 정자 헤엄치다

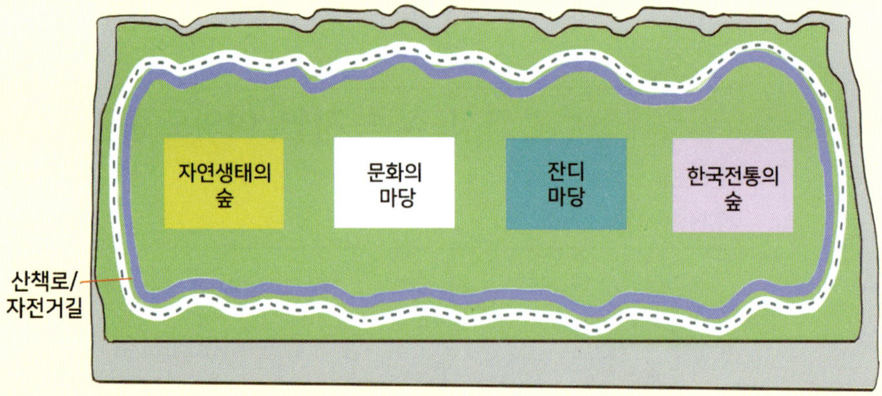

함께 느낄 수 있는 공간이다. 한국전통의 숲이 끝나고 잔디마당이 시작하는 곳쯤에서는 세종대왕의 동상도 볼 수 있다. 잔디마당에는 넓은 잔디밭과 아름다운 꽃, 큰 나무들이 있다. 나무 그늘에 누워서 자연을 느낄 수 있는 곳이다. 문화의 마당은 여러 문화 행사나 모임을 할 수 있는 넓은 공간이다. 농구나 배드민턴 등의 운동도 할 수 있다. 문화의 마당에는 자전거 대여소가 있다. 1인용 3000원, 2인용 6000원이면 1시간 동안 자전거를 빌려서 탈 수 있다. 대여받을 때에는 신분증이 필요하다. 문화의 마당을 지나서 키 큰 소나무 사이로 나 있는 산책로를 따라서 들어가면 자연생태의 숲에 도착할 수 있다. 나무로 가득한 숲속에는 도심에서 보기 힘든 꽃과 열매들이 있다. 생태 연못 근처에서는 잠시 쉬러 온 새들도 만날 수 있다. 내가 있는 이곳이 도심인 것을 잠시 잊을 수 있는 공간이다. 공원 바깥쪽으로는 산책로와 자전거 길이 있다. 이곳에서 자전거를 타거나 조깅을 하며 운동을 하는 사람들을 자주 볼 수 있다.

공원 안에 주차 시설이 없으므로 대중교통을 이용하는 것이 좋다. 5호선 여의도역 3번 출구로 나와 국회의사당 방향으로 5분 정도 걸으면 여의도 공원에 도착한다. 9호선 국회의사당역 3번 출구나 5호선 여의나루역 2번 출구로 나와도 된다.

동상 생태 대중교통

1 여의도 공원에 대한 이야기로 이 글의 내용과 같은 것은 무엇입니까? (   )

① 요즘에는 공원에서 모임을 할 수 없다.
② 공원에 갈 때는 신분증을 가져가야 한다.
③ 산책을 할 수 있는 길과 자전거를 타는 길이 있다.
④ 공원 주차장이 복잡하기 때문에 대중교통을 이용하는 것이 낫다.

2 여의도 공원의 역사입니다. 순서대로 쓰십시오.

(   ) → (   ) → (   ) → (   )

ㄱ) 잔디와 나무가 있는 공원의 모습을 갖추게 되었다.
ㄴ) 아스팔트로 덮여 있었고 데이트를 하거나 자전거를 타는 사람들을 자주 볼 수 있었다.
ㄷ) 비행장으로 사용되었다.
ㄹ) 5.16광장이라는 이름으로 불리며 나라의 행사나 모임을 위한 장소로 사용되었다.

3 한국전통의 숲에 대한 설명으로 이 글과 다른 것을 고르십시오. (   )

① 숲이 끝나는 곳에는 세종대왕의 동상이 있다.
② 우리나라에서 자주 볼 수 있는 나무들이 있다.
③ '지당'이라는 이름의 연못과 '사모정'이라는 정자가 있다.
④ 숲 안에 나무와 연못, 빌딩이 함께 있어서 전통과 현재를 느낄 수 있다.

4 다음 그림들은 공원의 어느 곳에 있어야 할까요? 번호를 쓰십시오.

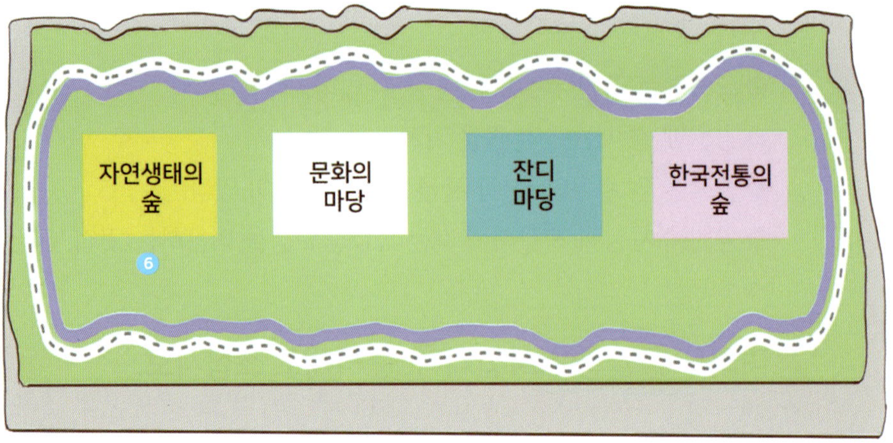

①

②

③

④

⑤

⑥

III. 정리해 봅시다

다음은 서울에서 자연을 느낄 수 있는 곳들입니다. 어디에 가 봤습니까? 어땠습니까?

1 북서울 꿈의숲
2 보라매 공원
3 월드컵&하늘 공원
4 시민의 숲
5 서울숲 공원
6 석촌호수
7 올림픽 공원
8 선유도 한강공원
9 낙산공원
10 서울남산공원

12과 문화의 이해

1. 한국어의 존댓말

MP3 / 23

• 학습 목표: 존댓말에 대한 강연을 듣고 이해할 수 있다.

Ⅰ. 준비해 봅시다

1 한국말을 처음 배울 때 무엇이 가장 어려웠습니까?

2 다음 글을 읽고 존댓말 교육의 효과가 아닌 것을 고르십시오. (　　)

연세대학교 교육학과 교수 김현정

얼마 전에 서울의 한 초등학교에서 같은 반 친구들끼리 존댓말을 사용하고 있다는 뉴스를 들었다. 몇 년 전부터 수없이 존댓말 교육의 중요성을 강조해 온 나로서는 반가운 소식이 아닐 수 없다. 존댓말 교육의 효과는 바로 나타난다. 이 학교의 학생들은 친구 사이의 존댓말 사용이 다른 학생들을 존중하고 배려하는 방법을 알게 해 주었다고 한다. 또한 교사들은 존댓말 사용의 효과로 학생들의 나쁜 말 사용과 싸움이 크게 줄었고 학생들의 행동과 태도가 부드럽고 공손해졌다고 말한다. 이러한 공손한 태도는 좋은 인간관계를 만들 수 있게 해 주어 학생들의 자신감과 사회성을 기르도록 할 수 있다. 우리 사회에서 존댓말 교육은 선택이 아닌 필수의 문제이다. 더욱 더 많은 학교에서 이런 교육이 이루어지기를 기대해 본다.

① 다른 사람을 존중하게 된다.
② 학생들 간의 싸움이 줄었다.
③ 학생들의 사회성을 기를 수 있다.
④ 나쁜 말 사용이 줄어 언어 능력이 좋아진다.

존댓말　존중하다　공손하다　영향을 끼치다

Ⅱ. 들어 봅시다

[1] 듣고 질문에 답하십시오.

1 대화의 내용과 다른 것을 고르십시오. (　　)

① 에릭 씨는 한국말이 신기하고 재미있다고 생각한다.
② 한국 사람들은 자신이 속한 집단과 나라를 소중하게 생각한다.
③ 한국 사람들은 '나의'라는 말 대신에 '우리'를 더 자주 사용한다.
④ 에릭 씨는 아직 한국 문화를 다 이해하지 못해서 한국 생활이 힘들다.

[2~3] 듣고 질문에 답하십시오.

2 대화의 내용과 다른 것을 고르십시오. (　　)

① 레오 씨는 고향에서 한국말을 배우기 시작했다.
② 한국에서는 가까운 관계여도 존댓말을 써야 할 때가 있다.
③ 레오 씨의 고향에도 한국어의 존댓말과 비슷한 표현이 있다.
④ 레오 씨의 고향에서는 직장 동료에게 반말을 사용하면 안 된다.

3 레오 씨는 한국어의 존댓말이 어려운 이유가 무엇이라고 생각합니까?

반영되다　집단　지위　말을 놓다

[4~6] 듣고 질문에 답하십시오.

4 이 강연의 중심 내용은 무엇입니까? (　　)

① 존댓말의 종류
② 한국어와 존댓말
③ 존댓말 사용의 역사
④ 다양한 나라의 존댓말

5 들은 내용과 같은 것은 무엇입니까? (　　)

① 한국에서 가족끼리는 보통 반말을 사용한다.
② 한국어보다 존댓말 표현이 다양한 언어는 많다.
③ 한국의 부모들은 존댓말 교육을 중요하게 생각한다.
④ 한국에서 나이가 어린 사람에게는 존댓말을 사용하지 않는다.

6 한국어에서는 언제 존댓말을 사용해야 합니까? 들은 내용을 정리하십시오.

1) ______________________________

2) ______________________________

3) ______________________________

4) ______________________________

격식적　자리　공식적

III. 정리해 봅시다

여러분의 나라는 어떻습니까? 예의를 갖추어야 할 때 사용하는 말이 따로 있습니까? 보기 와 같이 이야기해 봅시다.

보기

우리나라에서는 친한 사람과 친하지 않은 사람에게 사용하는 표현이 달라요. 예를 들면...

12과 문화의 이해

2. 한국인의 정

MP3 / 24

• 학습 목표: 한국인의 정에 대한 글을 읽고 이해할 수 있다.

Ⅰ. 준비해 봅시다

1 여러분이 생각하는 한국인의 특징은 무엇입니까?

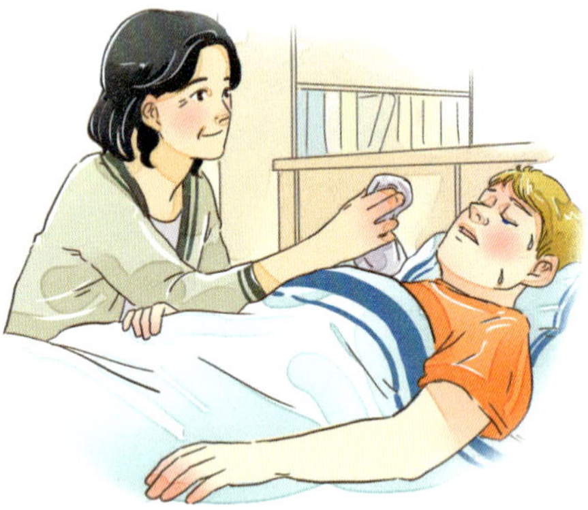

2 듣고 내용과 같은 것을 고르십시오. (   )

① 여자의 언어 교환 친구는 영어를 조금 배웠다.
② 윤아 씨는 칭찬을 듣고 겸손하게 행동한 것이다.
③ 여자는 언어교환 친구에게서 칭찬을 들은 적이 있다.
④ 한국에서 직접적으로 칭찬을 하는 것은 예의가 아니다.

겸손

II. 읽어 봅시다

다음 글을 읽고 질문에 답하십시오.

내 이름은 안나이다. 22살에 한국어에 관심이 생겨서 한국에 왔고 대학 졸업 후 지금의 남편을 만나 주부로, 번역가로 한국에서 20년 째 살고 있다.

한국에 처음 왔을 때가 생각난다. 대학교 근처 하숙집에서 한국 생활을 시작했는데 당황스러운 일이 한두 개가 아니었다. 모르는 사람들과 아침마다 같이 이야기를 나누며 식사를 하는 것부터 나에겐 낯선 상황이었다. 하숙집 아주머니는 친절하셨지만 궁금한 것이 너무 많으신 것 같았다. 우리나라에서는 기숙사에서 철저하게 개인적인 생활을 한다. 청소 구역을 나누는 것 외에는 거의 교류가 없으며 사용할 수 있는 냉장고의 칸까지 정해져 있다. 잘 해낼 수 있을지 걱정이 됐다. 하지만 하숙집 친구들과 친해질 때까지 신기할 만큼 시간이 얼마 걸리지 않았다. 간혹 늦잠을 자면 아주머니께서 깨워 주셨는데 고향에서는 상상도 할 수 없었던 이런 일이 어느새 익숙해지기 시작했다. 한국에서 산 지 열 달쯤 됐을 때 심한 감기에 걸린 적이 있다. 아침 식사를 하지 않은 나를 걱정하면서 아주머니는 죽을 끓여 주시고 약을 건네셨다. 친구들도 마치 가족의 일인 것처럼 걱정해 줬다. 그때는 그저 고마운 마음뿐이었지만, 그것이 바로 한국인의 '정'이었다는 것을 이제는 알 수 있다.

한국인의 문화적 특징을 이야기할 때 빼놓을 수 없는 것이 바로 '정'이다. '정'이란 친밀한 사람들 사이의 따뜻한 감정을 가리키는 말이다. 어머니의 '모정', 아버지의 '부정', 남녀 사이의 '애정', 친구 사이의 '우정' 등과 같이 다양한 형태로 한국인들의 삶에서 쉽게 발견된다. 처음에 나는 '사랑'과 같은 것이라고 생각했다. '사랑'과 '정'은 같은 의미일까? 그렇지 않은 것 같다. 한국인들은 '미운 정이 들었다'라는 말도 한다. 싫고 미웠던 사람이지만 함께 시간을 보내다가 보니 미운 마음은 사라지고 결국 상대방을 아끼는 마음이 생겼다는 것이다. 사람들이 만나고 사랑하고 미워하며 함께 감정을 나누는 상태에서 정이 생긴다. 오랜 시간 동안 함께 한 관계 속에서 생긴 상대방을 소중히 여기는 마음, 무엇인가 해주고 싶고 도움을 주고 싶은 마음, 쉽게 헤어질 수 없는 마음, 심지어 동물이나 사물에도 느끼는, 그

번역가 간혹 어느새 건네다 그저 친밀하다 감정 모정 부정 밉다

것이 바로 정이다. 처음 보는 사람과 '사랑에 빠졌다'라고는 할 수 있지만, '정을 느꼈다'라고 할 수 없는 것은 이러한 이유 때문이다. 오래 만난 연인을 사랑하지 않는 것 같아 헤어지고 싶지만 정 때문에 헤어지기 힘들다는 한국 친구의 고민을 들은 적이 있다. 그때는 이해할 수 없었지만 지금은 그 마음을 알 것 같은 것을 보면 나도 이제 한국 사람이 다 된 것 같다. 관계의 소중함을 알게 된 것이라고 할 수 있을까?

오늘도 장을 보러 시장에 갔다가 과일 가게 아주머니와 한참 수다를 떨었다. 항상 산 것보다 한두 개 더 챙겨 주시는 아주머니의 마음이 참 포근하게 느껴진다. 어제는 옆집 아주머니께서 시골에서 감자가 많이 올라왔다고 하시면서 상자 한 가득 가져다 주셨다. 나도 오늘 산 과일 좀 가져다 드려야겠다. 나는 한국인의 '정'이 참 좋다.

1 글쓴이에 대한 설명으로 이 글과 같은 것은 무엇입니까? (　　)

① 한국인 남편과 결혼 후에 한국 생활을 시작했다.
② 아직도 한국 문화를 이해하기 어렵다고 생각한다.
③ 한국 문화의 특징인 '정'에 대해서 긍정적으로 생각한다.
④ 고향과 한국문화가 비슷해서 한국 생활에 쉽게 익숙해졌다.

2 한국인의 '정'에 대한 설명으로 이 글과 다른 것은 무엇입니까? (　　)

① 상대방을 아끼는 마음이다.
② 사람에게만 느끼는 감정이다.
③ 미워했던 사람에게도 느낄 수 있다.
④ 오랜 시간 함께 한 관계 속에서 생긴다.

수다를 떨다　포근하다　한가득

3 이 사람이 한국인의 '정'을 느낄 수 있었던 일을 쓰십시오.

과거	현재
아팠을 때 하숙집 아주머니께서 ______	과일 가게 아주머니께서 ______
한국 친구들이 ______	옆집 아주머니께서 ______

4 다음 중 한국인의 '정' 이라고 말할 수 <u>없는</u> 것은 무엇입니까? (   )

① 처음 본 사람에게 친절하게 인사한다.
② 음식을 만들어 이웃과 함께 나눠 먹는다.
③ 오랫동안 살았던 집을 떠나는데 눈물이 난다.
④ 반 친구가 어려운 상황일 때 모두가 함께 도와준다.

Ⅲ. 정리해 봅시다

정이 많은 사람은 어떤 사람일까요? 여러분은 정이 많은 사람입니까? 보기와 같이 이야기해 봅시다.

보기

정이 많은 사람은 친구가 곤란한 상황에 있으면 잘 도와줄 것 같아요.

복습

1 다음 글을 읽고 질문에 답하십시오.

미국의 유명한 컴퓨터 회사인 마이크로소프트에서는 직원들이 사무실에서 채소를 키운다. 이렇게 키운 상추나 채소들을 회사 식당에서 사용한다고 한다.

전통적으로 농업은 시골의 넓은 땅에서 농사를 짓는 것을 말했다. 그런데 요즘에는 이처럼 도시에 살지만 건물의 옥상이나 아파트의 베란다, 자투리 땅 같은 자신들이 생활하는 공간에 텃밭을 만들어서 채소나 과일을 직접 기르는 사람들이 점점 늘고 있다. 이렇게 도시의 다양한 공간을 활용해서 농사를 짓는 것을 도시 농업이라고 한다.

도시 농업은 세계적으로 미국, 캐나다, 쿠바 등에서 여러 형태로 활발하게 이루어지고 있다. 미국 뉴욕에는 옥상에 텃밭이 있는 빌딩이 600개 이상이 있고 캐나다 몬트리올에는 텃밭이 8,000개가 넘는다. 쿠바는 세계적인 도시 농업의 중심 국가로 1만개가 넘는 도시 농장과 텃밭이 있다. 이렇게 세계 곳곳의 도시에서 다양한 공간을 활용한 도시 농업이 유행이다.

도시 농업이 도대체 왜 바쁜 현대인들에게 인기가 있는 것일까? 도시 농업은 여러 가지 가치와 의미가 있다. 첫째, 몸과 마음의 건강에 도움이 된다. 채소의 이동 거리가 짧아져서 안전하고 신선한 먹을거리를 얻을 수 있고 매일 식물을 돌보면서 움직이기 때문에 건강을 유지할 수 있다. 그리고 녹색의 식물을 보면 편안함과 안정감을 느낄 수 있고 식물을 키우면서 재미와 보람도 느낄 수 있어서 정신 건강에도 좋다. 둘째, 도시 환경을 더 좋게 만들 수 있다. 식물을 키우면 도시를 녹색으로 아름답게 꾸밀 수 있고 요즘 문제가 되고 있는 미세먼지를 없애는 데에도 효과가 있어서 도시의 공기를 맑고 깨끗하게 해 준다. 셋째 식재료를 스스로 마련할 수 있다. 도시 하나를 먹여 살리려면 그 도시보

새싹 농업 옥상 텃밭 농장 식재료

다 100배 정도 큰 농촌이 필요한데 도시는 계속 커지고 있지만 농촌은 줄고 있다. 이런 문제를 해결하려면 생산자가 채소나 과일을 직접 생산하고 소비하는 것이 효과적이다.

도시 농부가 되는 방법은 생각보다 간단하다. 초보자라면 쉽게 관리할 수 있는 새싹 채소로 도시 농부에 도전해 보자. 새싹 채소는 흙 없이 물만 주어도 잘 자란다. 또 여러 가지 영양이 풍부해서 부엌 창가나 식탁에 놓고 길러 먹으면 좋다. 우리가 자주 먹는 보리, 배추, 밀, 시금치, 브로콜리 등은 거의 다 가능하다.

새싹 채소를 키우는 방법은 다음과 같다. 먼저 집에 있는 쓰지 않는 컵이나 그릇 등에 휴지나 천 등을 놓고 물을 충분히 적신 후에 씨앗을 뿌리고 바람이 잘 통하는 곳에 놓는다. 그리고 씨앗이 마르지 않게 하루에 두세 번 물을 뿌려 준다. 5~7일 정도 지나면 새싹이 길게 자라는데 새싹을 잘라서 비빔밥이나 샐러드 등에 넣어서 먹으면 된다. 예쁘고 맛도 좋아서 키우는 재미가 있는 새싹 채소! 우리도 한번 도시 농부가 되어 보는 것은 어떨까?

1. 도시 농업이란 무엇을 말합니까?

____

2. 바쁜 현대인들에게 도시 농업이 인기가 있는 이유를 쓰십시오.

1) ______________________________

2) ______________________________

3) ______________________________

농촌 농부 적시다 풍부하다 씨앗 천

복습

3. **새싹 채소를 키우는 방법을 순서대로 쓰십시오.**

가) 잘라서 음식에 넣는다

나) 키우고 싶은 씨앗을 뿌린다.

다) 바람이 잘 통하는 곳에 놓는다.

라) 컵 안에 휴지를 놓고 물을 적신다.

( ) → ( ) → ( ) → ( )

4. **여러분은 집에서 어떤 채소를 길러 보고 싶습니까? 그 이유는 무엇입니까?**

수직정원

서울시청의 수직정원은 시청 문을 열고 들어가면 가장 먼저 보이는데 초록색 식물들이 회색 벽면을 덮고 있는 모습이 인상적입니다.

수직정원은 시청 광장의 잔디가 시청 안까지 이어지는 이미지를 표현하고 있는데 이것은 마치 시청광장과 시청 안의 공간이 하나인 것처럼 느껴지게 만듭니다. 수직정원의 넓이는 축구장 크기의 약 3분의 1이고 높이는 7층 건물 수준으로 세계 최대의 수직정원으로 기네스북(Guinness book)에 오르기도 했습니다.

수직정원에는 여러 종류의 다양한 식물들을 심어 놓았는데 이 식물들은 1년 내내 초록색 잎을 유지하면서 병에 잘 걸리지 않고 잘 자라는 것들입니다. 또한 공기를 깨끗하게 해 주는 기능이 뛰어난 식물들이어서 실내의 더러운 공기를 맑게 해 주고 먼지를 없애 줍니다.

그리고 수직정원은 새로운 기술을 이용해서 식물들에게 물과 영양분을 자동으로 공급하고 있는데 이 때 사용되는 물은 빗물을 받아서 재활용하기 때문에 환경을 생각한 서울의 모습을 볼 수 있습니다.

높은 빌딩 숲의 회색빛 도심 속에서 초록의 자연을 느끼고 싶을 때 이곳에 한번쯤 가보면 답답했던 기분이 풀리고 상쾌한 기분을 느낄 수 있을 겁니다.

1. **서울시청이 수직정원에 어떤 식물들을 심었습니까?**

2. **여러분 나라에도 유명한 정원이 있습니까?**

수직정원 벽면 시청 광장 기네스북 영양분

13과

여행과 발견

1. 날씨와 국내 여행

MP3 / 25

• 학습 목표: 날씨와 국내 여행에 대한 이야기를 듣고 이해할 수 있다.

Ⅰ. 준비해 봅시다

1 여행지를 선택할 때 여러분이 가장 중요하게 생각하는 것은 무엇입니까?

"여행지의 날씨가 중요해요."

"가까운 곳이 좋아요."

"경비가 얼마나 드는지 먼저 생각해 봐요."

2 읽고 (가)에 들어갈 것으로 알맞은 것을 고르십시오. (   )

(가) 을/를 소개하겠습니다.

속초 해수욕장
바닷물과 모래가 깨끗합니다. 주차 공간이 넉넉하고 캠핑장, 화장실 등 편의 시설이 잘 갖추어져 있어서 편리합니다.

설악산 국립공원
속초에 가시면 아름다운 설악산에 꼭 가 보세요. 설악 케이블카를 타면 산 중간(권금성)까지 편하게 올라가실 수 있습니다.

영금정
속초 등대 아래의 바닷가에 바위들이 있는 곳이 영금정입니다. 경치가 아름다워서 많은 관광객들이 찾는 곳입니다. 특히 이곳에서 보는 야경과 일출이 아름다워서 인기가 많습니다.

등대

❶ 속초의 편의 시설
❷ 한국의 아름다운 산
❸ 해외의 유명한 여행지
❹ 속초에서 가 볼 만한 곳

II. 들어 봅시다

[1] 듣고 질문에 답하십시오.

1 두 사람이 여행가기를 망설이는 이유는 무엇입니까? (   )

❶ 시험공부를 해야 하기 때문에
❷ 운전을 너무 오래 해야 하기 때문에
❸ 미리 여행 계획을 세우지 않았기 때문에
❹ 비가 올 때 운전하는 것이 위험하기 때문에

[2~3] 듣고 질문에 답하십시오.

2 들은 내용과 다른 것을 고르십시오. (   )

❶ 여자는 감기에 걸렸다.
❷ 여자는 이번 주말에 여행을 갈 것이다.
❸ 남자는 여행을 미룰 것을 권하고 있다.
❹ 여자는 마스크가 필요하다고 생각한다.

3 '삼한사미'에 대한 설명으로 맞는 것에 모두 ✔ 하십시오.

☐ 요즘 뉴스에서 자주 들을 수 있다.
☐ 한국의 전통적인 겨울 날씨를 설명하는 말이다.
☐ 미세 먼지가 심하다는 것을 설명하기 위해서 만들어진 말이다.
☐ 3일 동안 날씨가 춥고 그 후에 이어지는 4일은 따뜻하다는 뜻이다.

빗줄기 굵다 화창하다 뿌옇다 전통적

[4~6] 듣고 질문에 답하십시오.

4 중심 내용은 무엇입니까? (　　　)

① 한국의 겨울 날씨
② 한국의 아름다운 경치
③ 한국의 겨울철 여행지
④ 한국인들이 좋아하는 여행지

5 들은 내용과 <u>다른</u> 것을 고르십시오. (　　　)

① 남이섬에 유명한 동물원이 있다.
② 케이블카를 타고 덕유산에 쉽게 오를 수 있다.
③ 조선 시대의 왕들이 온양 온천을 자주 방문했다.
④ 일기 예보에 따르면 추운 날씨가 계속될 거라고 한다.

전라북도　덕유산　설경　선착장　모닥불　충청남도　온양

6 듣고 다음의 세 사람이 어디에 가면 좋을지 연결하십시오.

요즘 너무 피곤해서 푹 쉬고 싶어요. • • 덕유산

눈 덮인 산의 아름다운 경치를 보고 싶어요. • • 남이섬

여자 친구와 눈이 덮인 아름다운 길을 걸으며 데이트하고 싶어요. • • 온양 온천

정리해 봅시다

여러분 나라에서 가 볼만한 여행지를 친구에게 보기 와 같이 이야기해 보십시오.

보기

중국의 장가계는 한 폭의 그림 같이 아름다운 곳이에요. 경치가 환상적이에요. 영화 '아바타'를 촬영했던 곳이기도 해요.

장가계 폭

13과 여행과 발견

2. 혼자 하는 여행

MP3 / 26

• 학습 목표: 혼자 하는 여행에 대한 글을 읽고 이해할 수 있다.

Ⅰ. 준비해 봅시다

1 여행했던 곳 중에서 가장 기억에 남는 곳은 어디입니까? 그곳에 누구와 갔습니까?

2 듣고 중심 내용을 고르십시오. (　　)

① 혼자 여행할 때 사진을 찍는 방법
② 사람들이 혼자 여행을 떠나는 이유
③ 혼자 여행하는 사람들에게 필요한 물건
④ 여행하다가 몸이 아플 때 도움을 요청하는 방법

셀카봉

II. 읽어 봅시다

다음 글을 읽고 질문에 답하십시오.

가족이나 친구들과 함께 떠나는 여행도 좋지만 가끔 일상에서 벗어나서 혼자 어디론가 떠나고 싶을 때가 있다. 옛날에는 여행은 여러 사람들이 함께 해야 한다고 생각하는 사람들이 많았지만 요즘은 혼자 떠나는 여행을 선호하는 사람들이 많아졌다. 한국 여행사에서 1000명을 대상으로 설문 조사를 한 결과 질문에 대답한 사람들의 58%가 혼자 해외여행을 가 본 적이 있다고 말했다. 혼자 여행을 간 이유를 묻는 질문에 20~30대는 '혼자만의 시간을 가지고 싶어서(47%)'라고 대답한 사람이 가장 많았고, 40대 이상은 '혼자 다니는 게 편해서(42%)'라고 대답한 사람이 가장 많았다.

혼자 하는 여행의 장점은 다른 사람과 계획을 맞출 필요 없이 마음대로 계획을 짜서 자유롭게 다닐 수 있다는 것이다. 그리고 혼자 여행을 하다가 보면 일행이 있을 때보다 새로운 사람과 대화를 할 기회가 많아진다. 다양한 곳에서 혼자 여행을 온 사람들을 만나게 되면 같이 다니기도 하면서 친해져서 나중에 다시 연락을 하는 사람들도 있다. 또한, 혼자 낯선 곳으로 여행을 떠나서 음식을 주문하고, 모르는 사람에게 길을 묻거나 이야기하는 등 모든 일을 혼자 해내면서 자신감이 생긴다. 하지만 이런 장점만 있는 것은 아니다. 혼자 하는 여행의 가장 큰 단점은 안전 문제일 것이다. 혼자 하는 여행은 여러 사람과 함께하는 여행보다 위험하게 마련이기 때문이다.

혼자 안전하게 여행을 다녀오기 위해서 주의할 점은 무엇이 있을까? 우선 여행지에서는 늦은 시간에 낯선 거리를 돌아다니지 말아야 한다. 사람이 없는 골목은 피하고 불빛이 켜져 있는 큰길로 다녀야 한다. 그리고 이어폰으로 음악을 들을 때 소리를 너무 크게 켜 놓지 않는 것이 좋다. 큰 소리로 음악을 들으면 주변의 소리를 못 들어서 위험할 수 있기 때문이다. 또한 혼자 온 여행객은 소매치기의 목표가 되기 쉬우므로 소매치기를 당하지 않도록 지갑, 여권, 휴대 전화 등 중요한 물건을 잘 보관해야 한다. 소매치기를 당한 경험이 있는 여행객들은 휴대 전화나 카메라를 손에 들고 다니지 말라고 조언한다. 숙소에서도 개인용 자물쇠를

벗어나다 선호하다 일행 해내다 피하다 소매치기 자물쇠

준비해서 짐을 잃어버리지 않도록 조심해야 한다. 돈은 한곳에 두지 말고 여러 군데에 나누어서 둬야 도둑 때문에 생길 수 있는 피해를 줄일 수 있다. 무엇보다 낯선 곳에서 무슨 일이 일어날지 모르니 가족들이나 친구들에게 여행 일정, 여행 중 묵고 있는 숙소의 위치와 연락처 그리고 다음 여행지를 미리 알려 놓아야 한다.

우리는 혼자 여행을 떠나서 낯선 곳에서 자유롭게 다니면서 새로운 사람들을 만나고 색다른 경험을 할 수 있다. 미리 꼼꼼하게 준비하고 주의할 점들을 잘 기억한다면 혼자만의 여행을 안전하고 즐겁게 다녀올 수 있을 것이다.

1 이 글은 누구를 위해 쓴 글입니까? (　　)

① 연인과 여행을 가려고 하는 사람
② 혼자 여행을 떠나려고 계획하는 사람
③ 1인 여행 상품을 개발하는 여행사 직원
④ 여행사를 통해 단체 여행을 가려고 하는 사람

2 혼자 하는 여행의 장점으로 글쓴이가 말하지 않은 것은 무엇입니까? (　　)

① 자신감이 생긴다.
② 마음대로 계획할 수 있다.
③ 새로운 사람을 사귈 수 있다.
④ 색다른 음식을 먹어 볼 수 있다.

3 다음은 혼자 여행할 때 주의해야 할 점들입니다. 이 글의 내용과 다른 것을 고르십시오. (　　)

① 개인용 자물쇠를 준비해야 한다.
② 가족이나 친구들에게 여행 일정을 알려야 한다.
③ 가족과 친구들의 전화번호를 적어 놓아야 한다.
④ 이어폰으로 음악을 너무 크게 들으면 위험하다.

4 이 글의 내용과 같은 것을 고르십시오. (　　)

① 혼자 온 여행객은 소매치기의 목표가 되기 쉽다.
② 옛날에는 혼자 해외여행을 떠나는 사람들이 많았다.
③ 요즘 해외여행을 갈 때 단체 여행을 선호하는 사람들이 많아졌다.
④ 설문조사에서 절반 이상이 혼자 해외여행을 간 적이 없다고 대답했다.

정리해 봅시다

여러분은 혼자 여행을 간다면 어디로 가고 싶습니까? 보기와 같이 이야기해 보십시오.

보기

	"혼자 조용히 쉴 수 있는 곳이 좋아요."
	"해외에 있는 도시에 가 보고 싶어요."
	"세계적인 유적지에 가 보고 싶어요."

14과

대중문화

1. TV프로그램

MP3 / 27

• 학습 목표: TV프로그램에 대한 내용을 듣고 이해할 수 있다.

I. 준비해 봅시다

1 요즘 친구에게 추천할 만한 TV프로그램이 있습니까?

2 다음 글을 읽고 이 프로그램을 왜 만들었는지 고르십시오 ( )

집에서 음식을 만들어 먹기보다는 외식을 더 자주 하는 시대.
바쁜 현대인들을 위해 간단하면서도 맛있는 음식을 만드는 방법을 알려 드립니다.
30년 연기 인생보다 더 오랜 세월 반찬을 만들었다는 그녀!
그녀는 누군가 자신이 만든 음식을 맛있게 먹을 때 행복을 느낀다고 합니다.
매주 금요일 저녁 따뜻한 엄마의 식탁이 여러분을 찾아 갑니다.

① 식당을 광고하려고
② 유명한 맛집을 소개하려고
③ 외식 정보를 알려 주려고
④ 반찬 만드는 방법을 알려 주려고

II. 들어 봅시다

[1] 듣고 질문에 답하십시오.

1 들은 내용과 다른 것을 고르십시오. ( )

① 대한민국은 베트남을 1:0으로 이겼다.
② 대한민국과 일본이 내일 결승전을 한다.
③ 결승전 경기는 KBC에서 8시에 방송된다.
④ 일본은 바레인과의 경기에서 어렵게 결승에 올라왔다.

결승 대 완전히 예상되다 국가대표팀

[2~3] 듣고 질문에 답하십시오.

2 이것은 어떤 TV프로그램입니까? (　　)

① 토크쇼
② TV토론
③ 퀴즈 프로그램
④ 건강정보 프로그램

3 들은 내용과 같은 것을 고르십시오. (　　)

① 모두 7단계까지 문제가 있다.
② 출연자는 1단계 문제를 틀렸다.
③ 삼겹살은 먼지가 많은 날 먹으면 좋다.
④ 출연자는 대학교 학비 때문에 상금이 필요하다.

[4~6] 듣고 질문에 답하십시오.

4 이 배우가 출연한 드라마는 무슨 내용입니까? (　　)

① 남녀의 슬픈 사랑 이야기
② 경찰이 범인을 쫓는 이야기
③ 선후배의 우정을 그린 이야기
④ 가족 간의 따뜻한 사랑 이야기

5 인터뷰 중에 배우가 대답하지 않은 것을 고르십시오. (　　)

① 결혼 생활　　② 앞으로의 계획
③ 기억에 남는 장면　　④ 드라마가 인기가 있는 이유

상금　단계　시청자　소재　범인　운

6 들은 내용과 같은 것을 고르십시오. (　　)

① 이 배우는 드라마를 찍으면서 부상을 당했다.
② 이 배우가 드라마에서 맡은 역할은 경찰이다.
③ 이 배우는 항상 부드러운 역할을 맡아서 고민이었다.
④ 이 드라마에 그동안 볼 수 없었던 배우들이 나와서 인기가 있다.

. 정리해 봅시다

여러분은 TV 프로그램의 문제점이 무엇이라고 생각합니까? 이야기해 보십시오.

TV프로그램	문제점
뉴스	• 부정적인 사건과 사고가 많아서 스트레스를 받는다. • •
예능	• 바르지 않은 언어를 많이 사용한다. • •
드라마	• 현실적이지 않은 내용이 많다. • •

14과 대중문화

2. 1인 방송인

MP3 / 28

• 학습 목표: 1인 방송인에 대한 내용을 읽고 이해할 수 있다.

Ⅰ. 준비해 봅시다

1 어떤 인터넷 방송을 알고 있습니까? 알고 있는 1인 방송인이 있습니까?

2 듣고 누가 이 휴대 전화를 살지 고르십시오. (　　)

① 초록색을 원하는 사람
② 큰 화면을 원하는 사람
③ 가벼운 것을 원하는 사람
④ 깨끗한 소리를 원하는 사람

Ⅱ. 읽어 봅시다

다음 글을 읽고 질문에 답하십시오.

1인 방송 시대

나도 1인 방송인이 될 수 있다!

요즘에는 기술이 발전하면서 휴대 전화만 있으면 누구나 1인 방송을 만들 수 있는 시대가 되었고 그 인기도 대단하다. TV는 안 봐도 인터넷 방송은 보는 사람들이 있을 정도이다. 국내에서 인터넷 1인 방송을 하는 사람들 중에는 구독자가 수백만 명이나 되는 사람도 있다. 또 10대들에게 인기가 많아서 이제 1인 방송인은 청소년이 선호하는 직업들 중의 하나가 되었다. 오늘은 이처럼 연예인이 아니지만 연예인만큼 큰 인기를 얻고 있는 1인 방송인들을 소개하겠다.

화장하는 법에 관하여 알려주는 1인 방송인 아리스는 요즘 정신없이 바쁘다. 그녀는 요즘 유행하는 화장법부터 만화의 주인공, 연예인들의 화장법까지 다양한 내용을 방송을 통해서 보여준다. 오늘은 밸런타인데이가 얼마 남지 않았기 때문에 사랑스럽게 보이는 화장법을 알려주려고 한다. 그녀는 일상적으로 하는 화장에 새로운 느낌을 주기 위해서 고민을 많이 하는데 시청자들과 의사소통하면서 아이디어를 얻는다. 생방송을 할 때 '오늘은 어떤 화장을 해 볼까요?' '궁금한 거 있어요?'라고 물어보고 실시간으로 채팅창에 올라오는 글을 확인하면서 시청자들의 의견을 바로 방송에 반영하기 때문에 인기가 많다.

김제니 양은 올해 7살로 어리지만 방송 경력은 3년이 넘은 1인 방송인이다. 7살이지만 3살에 방송을 시작해서 벌써 경력이 3년 넘었고 구독자가 90만 명이나 된다. 해외에도 팬들이 많다. 제니는 방송에서 특별한 말을 하지 않고 키즈 카페에서 신나게 놀거나 새로운 장난감을 가지고 노는데 카메라가 7살 제니의 시각으로 찍기 때문에 영상을 보는 아이들은 마치 자신들이 직접 체험하는 것처럼 느껴서 인기가 많다. 부모들은 제니의 영상을 보고 장난감을 많이 사는데 그 이유는 영상이 아이의 시각에서 만들어졌기 때문에 방송을 보고 장난감을 구매하면 별로 실패하지 않기 때문이라고 한다.

박정원은 1인 방송이 처음 생기기 시작했을 때부터 게임 방송을 시작했다. 그는

방송인　실시간　채팅창　반영하다　구독자

게임 방송은 특히 어린 시청자들이 많이 보기 때문에 말을 더 조심해야 한다고 생각했다. 그래서 처음에는 방송이 재미없다는 평이 많았지만 시간이 지나면서 건전한 영상과 바른 말들 때문에 인기가 많아졌다. 처음 인터넷 방송을 시작했을 때는 수입이 별로 없었지만 지금은 한 달에 평균 5,000~6,000만 원을 번다. 또 드라마, 예능, 광고 등 TV에도 출연하면서 유명해졌다.

이렇게 성공한 1인 방송인들이 많아지면서 요즘 1인 방송인을 꿈꾸는 사람들이 늘고 있다. 하지만 1인 방송을 만드는 것은 생각만큼 쉬운 일이 아니다. 일주일에 두 번 꾸준히 영상을 올려야 하는데 혼자서 자료를 모으고 영상을 촬영하고 편집해야 하기 때문에 한 가지만 잘해서는 성공하기 어렵고 종합적인 능력이 있어야 한다. 그 밖에도 1인 방송인에 도전한다면 생각해 봐야 할 것들이 많다.

김진주 기자

1 이 사람들은 무슨 콘텐츠로 방송을 합니까?

아리스: ______________________

김제니: ______________________

박정원: ______________________

2 이 글의 내용과 같은 것을 고르십시오. (　　)

① 1인 방송을 직접 만드는 것은 어렵지 않다.
② 연예인 같은 전문 방송인들이 1인 방송을 만들 수 있다.
③ 1인 방송으로 성공하려면 한 가지 능력만 뛰어나면 된다.
④ 제니의 영상을 보고 아이들의 장난감을 사면 후회하는 일이 적다.

건전하다　영상　수입　편집하다

3 이 사람들이 인기가 있는 이유를 쓰십시오.

1인 방송인	인기가 있는 이유
아리스	
김제니	
박정원	

4 이 글의 뒤에 이어질 내용으로 적절한 것을 고르십시오. (　　)

① 1인 방송의 영향력
② 1인 방송의 문제점
③ 1인 방송 제작에 대한 조언
④ 1인 방송의 광고에 따른 수입

정리해 봅시다

인터넷 1인 방송의 장단점에 대해서 보기와 같이 이야기하십시오.

보기

1인 방송이 TV보다 콘텐츠가 다양해서 제가 좋아하는 것을 골라서 볼 수 있어요.

며칠 전에 조회 수를 올리려고 어떤 사람이 도로에 누워 있는 방송을 본 적이 있는데 너무 자극적이고 위험한 것 같아요.

복습

1 다음 글을 읽고 질문에 답하십시오.

나는 35살에 처음으로 혼자 여행을 했다. 겁이 많고 소심해서 혼자 하는 여행은 생각도 해 본 적이 없었지만 오랜만에 얻은 긴 휴가를 그냥 보내 버리기가 아까워서 용기를 냈다. 여행을 가기 전에 '무섭지는 않을까? 밥 먹을 때 외로우면 어떻게 하지? 멋진 풍경을 보고도 그것에 대해 이야기할 수 있는 사람이 없는데 무슨 재미가 있을까?' 하는 생각이 자꾸 들어서 걱정이 많이 됐다. 그러나 14박 15일의 미국 여행을 마치고 돌아온 지금은 그 시간이 내 인생에서 가장 자유로웠고 여유로웠고 좋은 기억들로만 가득 찬, 마치 꿈같은 순간들이었다고 말하고 싶다. 무엇이 그렇게 좋았을까? 내가 느낀 혼자 하는 여행의 장점은 두 가지이다.

첫 번째 완전히 여행에 집중할 수 있다는 것이다. 여행지에서 나는 모든 것을 스스로 찾고 보고 해결했다. 영어를 잘하지 못하는 나에게는 지하철 타는 것부터 모험이었다. 마치 세상에 처음 나온 어린 아이가 된 것 같았다. 천천히 생각하고 또 생각했다. 지하철 표를 사는데 한국에서는 5분이면 됐을 일이 20분이나 걸리는데도 왜 그런지 싫지 않았다. 모든 것이 신기하고 재미있었다. 일행이 있었다면 열심히 따라다니기만 하면서 이런저런 이야기를 하느라고 놓치기도 했을 주위의 모든 것들이 내 눈 속에 담기고 있었다. 친구와 같이 왔다면 어쩌면 난 한국에서 가지고 온 고민 이야기에 집중하고 있었을지도 모른다. 하지만 여행지에서 그런 고민들은 생각나지 않았다. 하늘이 참 예쁘고 건물이 멋있고 그리고 신기한 풍경들이 가득해서 시간이 부족하다고 느껴질 뿐이었다. 온전히 여행을 즐기는 기분이랄까.

혼자 하는 여행의 두 번째 장점은 나에게 집중할 수 있다는 것이다. 혼자가 아니었다면 음식 메뉴를 결정하기 위해서, 다음 목적지를 정하기 위해서 일행과 의논해야 했을 것이다. 누군가에게 맞춰야 하고, 하고 싶지만 포기해야 하는 것도 있었을 것이다. 하지만 혼자 하는 여행은 그럴 필요가 없었다. 걷다가 배가 고프면 그때 생각나는 음식을 먹었다. 다음 목적지에 가기 위해서 서두

여유롭다 모험 어쩌면 온전히

를 필요도 없었다. 내가 일어나고 싶을 때 일어나고 피곤한 날은 조금 일찍 들어와서 자기도 했다. 오로지 나에게만 맞추는 정말 나를 위한 여행을 하고 있었다. 지금 생각해 보면 지금껏 그런 삶을 살아본 적은 없었다.

생에 처음으로 도전해 본 나의 혼자 하는 여행은 전신사진이 없다는 것 말고는 완벽했던 여행으로 내 기억에 자리 잡았다. 여행 중에 특별하고 대단한 일이 있었던 것도 아니다. 하나하나의 작은 웃음이 모여 큰 행복으로 남았다. 누군가 혼자 여행 하는 것을 고민하고 있다면 꼭 이야기해 주고 싶다. 생각보다 훨씬 더 가치 있는 시간을 보낼 수 있을 테니 고민하지 말고 떠나라고 말이다.

1. **이 글의 주제는 무엇입니까? (　　)**

① 여행의 즐거움
② 즐겁게 여행하는 방법
③ 여행지 선택의 중요성
④ 혼자 하는 여행의 장점

2. **이 사람은 혼자 하는 여행의 좋은 점이 무엇이라고 이야기합니까?**

1) ______________________

2) ______________________

오로지　생　전신사진　완벽하다

3. 글쓴이에 대한 설명으로 맞는 것을 고르십시오. (　　)

① 겁이 많고 소심한 성격이다.
② 영어를 잘해서 여행을 즐길 수 있었다.
③ 예전부터 혼자 여행을 해 보고 싶어 했다.
④ 여행지에서 특별한 일들을 많이 경험했다.

4. 이 여행에 대한 설명으로 이 글과 다른 것을 고르십시오. (　　)

① 자신이 진짜 원하는 것을 할 수 있었다.
② 여행하는 동안 고민이 생각나지 않았다.
③ 특별한 계획이 없는 여행이었지만 여유로워서 좋았다.
④ 여행을 하는 동안 모든 일을 빨리 할 수 있어서 좋았다.

문화

무영탑

경주 불국사에 가면 석가탑이 있습니다. 석가탑의 또 다른 이름은 무영탑입니다. 무영탑이란 그림자가 없는 탑이라는 의미로 여기에는 슬픈 사랑의 이야기가 전해져 옵니다. 이웃 나라 백제의 석공인 아사달이 석가탑을 만들기 위해 신라로 떠난 후, 그가 돌아오기만을 기다리던 부인 아사녀는 남편이 보고 싶은 마음에 그를 만나기 위해 찾아갑니다. 하지만 탑을 만드는 동안에는 여자를 만날 수 없다는 규정 때문에 아사녀는 남편을 만나지 못하고 오랜 시간을 불국사 앞에서 기다려야 했습니다. 이를 불쌍하게 여긴 스님이 탑이 다 만들어지면 연못에 탑의 그림자가 보일 것이고 그림자가 보이면 남편을 만날 수 있다고 알려 줍니다. 하지만 약속한 시간이 한참 지나도 연못에 탑의 그림자는 보이지 않았고 결국 기다리다 지쳐 실망과 슬픔에 빠진 아사녀는 연못에 몸을 던집니다. 이후 탑을 완성한 아사달이 그 소식을 듣고 연못을 찾아오지만 사랑하는 부인의 모습은 찾을 수가 없었습니다. 이에 아사달은 역시 연못에 몸을 던져 생을 마감합니다. 후에 사람들이 그림자를 보여주지 않은 석가탑을 그림자 없는 탑이라고 하여 무영탑이라 부르게 되었다고 합니다.

1. **무영탑의 의미는 무엇입니까?**

2. **여러분 나라에도 문화유산에 담겨 있는 이야기들이 있습니까?**

백제 석공 지치다 마감하다 신라

15과 여가생활

1. 한국인의 여가 생활

MP3 / 29

• 학습 목표: 여가 생활에 대한 이야기를 듣고 이해할 수 있다.

Ⅰ. 준비해 봅시다

1 여러분은 등산을 합니까? 여가 시간에 등산을 할 생각이 있습니까?

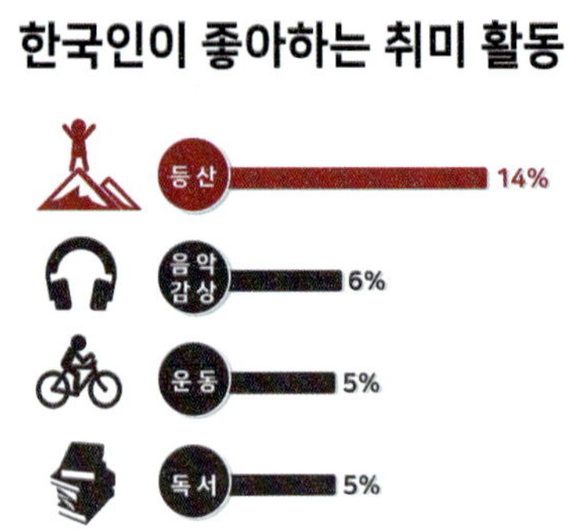

2 다음 글을 쓴 목적은 무엇입니까? 읽고 답하십시오. (　　)

명동역 1번 출구로 나가면 바로 오른쪽에 남산으로 올라가는 길이 있다. 그 길로 10분쯤 걸어가면 돈가스집들이 모여있는 곳을 볼 수 있다. 맛집으로 유명한 곳들이다. 돈가스집들이 있는 길의 건너편에 남산 둘레길 4번 입구가 있다. 남산 둘레길의 입구는 모두 15개다. 동대입구역이나 서울역, 회현역에서 출발하여 다른 입구로 들어가는 방법도 있는데 명동역에서 출발하여 4번 입구로 들어가는 방법이 가장 인기가 많다.

둘레길은 총 7.6km로 쉬지 않고 걸으면 2시간 30분이 걸린다. 둘레길을 처음부터 끝까지 모두 걷는 것이 힘들게 느껴진다면 명동역 앞이나 동대입구역 앞에 있는 버스를 타고 남산도서관이나 남산서울타워까지 간 다음 중간부터 시작하는 방법도 있다.

둘레길

① 버스 타는 곳을 소개하기 위해서
② 둘레길의 볼거리를 설명하기 위해서
③ 둘레길에 가는 방법을 소개하기 위해서
④ 남산 둘레길 근처의 맛집을 추천하기 위해서

Ⅱ. 들어 봅시다

[1] 듣고 질문에 답하십시오.

1 들은 내용과 다른 것은 무엇입니까? (　　)

① 여가 시간에 인터넷을 하면서 보낸 청소년들의 행복감이 그렇지 않은 청소년보다 낮다.
② 한국의 청소년들은 여가 시간의 대부분을 인터넷을 하면서 보낸다.
③ 혼자 하는 여가 활동보다는 친구와 함께 하는 활동이 행복감을 높여 준다.
④ 여가 시간에 책을 읽은 청소년들이 인터넷을 한 청소년보다 행복하다고 느낀다.

[2~3] 듣고 질문에 답하십시오.

2 남자의 생각과 같으면 (남), 여자의 생각과 같으면 (여)라고 쓰십시오.

1) "전 주말에 인터넷으로 외국어 수업을 들어요. 평일에 아르바이트를 하니까 주말에 쉬고 싶지만 지금은 미래를 준비할 때인 것 같아서요." (　　)

2) "전 여가 시간에 취미활동을 하면서 보내요. 힘들게 일을 하고 왔으니 남는 시간에는 하고 싶은 일을 하면서 보내야지요." (　　)

3) "여가 시간에 쉬는 것보다는 능력 개발을 위한 시간을 갖는 것이 중요하다고 생각해요." (　　)

4) "전 주말에 집에서 쉬거나 친구를 만나서 스트레스를 풀어요." (　　)

실시　행복감　증가　자격증

3 들은 내용과 같은 것은 무엇입니까? (   )

① 여자는 회사 동료들과 만나서 이야기하는 것을 좋아한다.
② 여자는 주말에 친구들과 미술관이나 박물관에 가기도 한다.
③ 남자는 빵을 만드는 회사에서 일하고 있는데 적성에 맞지 않는다.
④ 남자는 자격증 시험 준비가 힘들어서 회사를 그만두고 싶어 한다.

[4~6] 듣고 질문에 답하십시오.

4 우진 씨의 취미는 무엇입니까?

1) ______________________

2) ______________________

5 우진 씨에 대한 이야기로 들은 내용과 같은 것은 무엇입니까? (   )

① 등산을 하기 시작한 지 10년이 됐다.
② 가족이나 친구들과 같이 산에 자주 간다.
③ 올해 지금 다니고 있는 회사로 직장을 옮겼다.
④ 요즘은 여가 시간에 집에서 쉬거나 취미활동을 한다.

6 유키 씨에 대한 이야기로 맞는 것에 모두 ✔ 하십시오.

☐ 한국 문화를 알고 싶은 마음이 있다.
☐ 요즘 인터넷으로 한국어 강의를 듣는다.
☐ 아직 강의를 들으면서 음식을 만들어 본 적이 없다.
☐ 앞으로도 계속 한국 음식 만드는 것을 배워볼 생각이다.

매력　빠지다　시작이 반이다

Ⅰ. 정리해 봅시다

여러분 나라의 사람들은 어떻게 여가 시간을 보냅니까? 보기 와 같이 이야기하십시오.

보기

저는 프랑스 사람이에요. 프랑스 사람들은 여가 시간을 중요하게 생각하는 것으로 유명하지요. 우리나라 사람들은 공원에서 산책하는 것을 좋아해요. 축구하는 것도 좋아하고요.

15과 여가생활

2. 여가 시간 잘 보내기

MP3 / 30

• 학습목표: 문화센터 수업의 소개글을 읽고 이해할 수 있다.

Ⅰ. 준비해 봅시다

1 요즘 배우고 싶은 것이 있습니까? 그것을 어디에서 배울 수 있습니까?

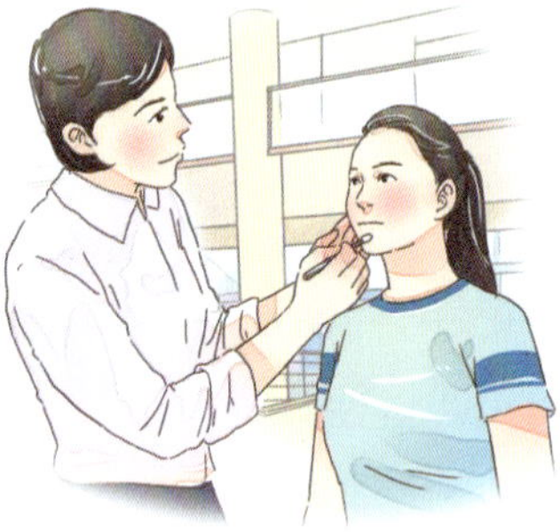

2 비싸지 않은 수업료로 여러 가지 수업을 들을 수 있는 장소는 어디입니까? 듣고 답하십시오.

1) 서대문 문화체육회관

2) ____________________

II. 읽어 봅시다

다음 글을 읽고 질문에 답하십시오.

"오늘도 퇴근 후에는 행복 백화점으로 갑시다!"

다니엘과 함께 하는 즐거운 영어 교실 (초급)

수업 시간 매주 목요일 저녁 7시 10분~8시

수업 기간 3월 2일~5월 30일

인원 5명

수업료 200,000원

외국인을 만나면 머릿속이 하얘지는 분, 머릿속에 있는 영어가 입 밖으로 나오지 않는 분, 영어를 이해할 수는 있지만 말하는 것은 어려우신 분. 누구든지 환영합니다.

다니엘의 영어 교실에서는 선생님, 학생들과 영어로만 이야기해야 합니다. 틀려도 괜찮습니다. 단어로만 말해도 괜찮습니다. 처음에는 힘들고 어색하겠지만 수업을 하다 보면 자연스럽게 영어로 말하고 있는 자신을 발견하게 될 것입니다.

소수의 학생들이 수업에 참여하기 때문에 학생들은 말하기를 연습할 수 있는 시간을 충분히 가지게 됩니다. 선생님은 학생들의 발음을 듣고 한 명 한 명의 틀린 부분을 고쳐 줍니다. 이 수업을 통해서 영어에 대한 걱정이 사라지고 자신감을 갖게 될 것입니다.

인기 수업이어서 빨리 마감됩니다. 신청을 서둘러 주세요!

수요 기타 교실

수업 시간 매주 수요일 저녁 8시 10분~9시

수업 기간 3월 2일~5월 30일

인원 7명

수업료 150,000원

따뜻한 봄날을 아름다운 음악과 함께 보내면 행복이 두 배가 된다지요?
기타를 연주하며 행복한 시간을 보냅시다.

초급　어색하다　자신감　마감

반려동물과 함께 살아가기

수업 일시 3월 22일(금요일)저녁 7시 10분~9시
3월 29일(금요일)저녁 7시 10분~9시

수업료 50,000원(2회 수업료, 재료비 포함)

첫 번째 수업에서는 반려동물과 주인이 알아야 할 예절을 배웁니다. 도시에서 반려동물을 기르는 것은 동물, 주인, 이웃 사람, 모두에게 힘든 점이 있습니다. 사람과 반려동물 모두가 스트레스를 줄이고 즐겁고 안전하게 생활하려면 사랑만 주는 것으로는 부족합니다. 반려동물의 행동을 이해하고 동물과 주인이 지켜야 할 예절을 알아야 합니다.

두 번째 수업에서는 반려동물의 간식을 만듭니다. 이 수업을 들으면 사랑하는 반려동물에게 건강하고 맛있는 간식을 직접 만들어 줄 수 있습니다. 영양이 풍부한 연어를 이용해서 작은 케이크를 만들어 봅니다.

※ 유의사항

인터넷으로 수업을 신청하거나 직접 방문하여 수업을 신청할 수 있습니다. 수업을 신청한 후 다음날까지 수업료를 입금하지 않으면 신청이 취소됩니다. 수업을 바꾸거나 취소하는 것은 수업 시작일 전날까지 가능하며 수업 시작 당일에는 취소가 불가능합니다. 재료 준비가 필요한 수업(음식 만들기, 꽃꽂이 등)의 경우에는 수업 시작 3일 전까지만 취소가 가능합니다.

☎ 02-9876-9876~5

1 이 글은 무슨 글입니까? (　　)

① 여러 가지 취미활동을 추천하기 위한 글
② 일찍 퇴근해야 하는 이유에 대해서 이야기하는 글
③ 여가 시간을 잘 보내는 방법에 대해서 설명하는 글
④ 퇴근 후 들을 수 있는 수업들을 소개하고 광고하기 위한 글

연어　유의사항

2 '다니엘의 즐거운 영어 교실'에 대한 설명으로 이 글과 같은 것은 무엇입니까? (   )

① 학생의 수가 많은 편이지만 수업료가 싸서 인기가 많다.
② 영어 연습 시간을 충분히 가진 후에 수업을 듣는 것이 좋다.
③ 수업 시간에는 자연스러운 영어 문장으로 이야기해야 한다.
④ 영어로 말하기가 어렵고 힘든 사람들이 들으면 좋은 수업이다.

3 '반려동물과 함께 살아가기' 수업에 대한 설명으로 이 글과 다른 것은 무엇입니까? (   )

① 재료비는 따로 내야 한다.
② 이 수업은 시작 당일에 취소할 수 없다.
③ 두 번째 수업에서는 연어를 이용하여 직접 간식을 만들어 본다.
④ 첫 번째 수업은 반려동물과 주인이 지켜야 할 예절에 대한 내용이다.

4 이 글을 읽고 알 수 있는 것에 모두 ✔ 하십시오.

☐ 기타 교실 수업은 7명까지 신청할 수 있다.
☐ 직접 가거나 전화로 수업을 신청할 수 있다.
☐ 수업 신청을 하면 다음 날까지 수업료를 내야 한다.
☐ 기타 교실 수업을 신청하면 약 3달 동안 수요일마다 기타를 배울 수 있다.

정리해 봅시다

여가 시간에 배우면 좋은 것이 있습니까? 어디에서 그것을 배웠습니까? 보기와 같이 이야기해 봅시다.

보기

전 요즘 수영을 배우고 있어요. 우리 하숙집 근처에 있는 수영장에서 배우고 있는데 시설도 깨끗하고 수업료도 비싸지 않아요. 제가 수영을 배우러 가는 시간에 우리 학교 학생 두 명이 수영을 배우러 와요. 함께 수영을 배우며 친구가 되어서 요즘은 수영 수업이 끝난 후에 함께 밥을 먹으러 가기도 해요.

생활 속의 환경 문제

1. 버려지는 물건의 재활용

MP3 / 31

• 학습 목표: 쓰레기 재활용에 대한 대화를 듣고 이해할 수 있다.

I. 준비해 봅시다

1 이 물건들은 무엇을 재활용해서 만든 것일까요?

2 다음 글은 어떤 글입니까? 읽고 답하십시오. (   )

광진구청 문화센터 수업 안내

물건 정리, 옷 정리 어떻게 하고 계신가요? 정리 상자들의 색깔과 모양이 제 각각이어서 오히려 더 복잡해 보이지는 않던가요? 나만의 정리 상자를 만들어 보는 건 어떨까요? 특별한 물감을 이용해서 아주 예쁘고 특별한 우리 가족만의 정리 상자를 만드는 방법을 알려드립니다. 상자만 준비하세요. 버려지는 상자, 다시 예쁘게 만들고 싶은 정리함 모두 괜찮습니다! 수업료에 물감 비용이 포함되어 있습니다. 미술 실력이 좋지 않다고요? 괜찮습니다! 어린이들도 할 수 있는 아주 간단한 방법으로 우리 집을 깨끗하게 정리해 보세요!

(광진구청 홈페이지에서 자세한 내용을 확인하실 수 있습니다.)

① 어린이를 위한 미술 수업 광고
② 물건 정리 방법을 알려주는 기사
③ 새로 나온 정리함을 이용한 정리 방법 소개
④ 상자를 재활용해서 정리함을 만드는 수업 광고

정리함

II. 들어 봅시다

[1] 듣고 질문에 답하십시오.

1 들은 내용과 다른 것을 고르십시오. (　　)

① 엄마는 플라스틱의 사용을 줄여야 한다고 생각한다.
② 엄마는 쓰레기를 재활용하는 것이 필요하다고 생각한다.
③ 플라스틱 쓰레기는 묻거나 태워서 없애는 것이 가장 좋다.
④ 플라스틱이 땅 속에서 완전히 없어지는 데 500년이 걸린다.

[2~3] 듣고 질문에 답하십시오.

2 이 이야기를 듣고 알 수 없는 것은 무엇입니까? (　　)

① 이 가방을 만드는 재료
② 이 가방이 만들어진 계기
③ 이 가방이 인기가 있는 이유
④ 이 가방의 가격이 저렴한 이유

3 들은 내용과 같은 것을 고르십시오. (　　)

① 이 회사의 제품은 특별한 기계로 만들어진다.
② 가방에서 냄새가 나서 처음에는 문제가 많았다.
③ 가방에 남아 있는 얼룩이 오히려 인기를 끌었다.
④ 이 가방은 무겁기는 하지만 튼튼해서 많이 팔린다.

묻다　환경　오염　처리하다　재활용하다　덮개　어깨끈　개성　실용성
받아들이다

[4~6] 듣고 질문에 답하십시오.

4 이 프로그램에서 무엇을 이야기하고 있습니까? (　　)

① 예쁘게 꾸민 집을 소개하고 있다.
② 환경 보호의 중요성을 알려 주고 있다.
③ 깨끗하게 청소하는 방법을 가르쳐 준다.
④ 물건을 재활용하여 사용하는 예를 소개한다.

5 김민아 씨는 이것들을 무엇으로 만듭니까?

화분	
정리함	
양념 통	
꽃병	

6 들은 내용과 다른 것을 고르십시오. (　　)

① 이런 일을 하면 돈을 절약할 수 있다.
② 페트병은 가벼워서 벽에 걸어놓기에 좋다.
③ 우유 팩을 뜨거운 물에 한번 끓여서 재활용한다.
④ 김민아 씨는 현재 이웃들에게 이 일을 가르쳐 주고 있다.

페트병　색칠　손재주　양념 통　위생적이다　꽃병

Ⅰ. 정리해 봅시다

이 물건들은 어떻게 재활용할 수 있을까요? 보기와 같이 이야기해 봅시다.

보기

저는 큰 유리병을 연필꽂이로 사용할 수 있을 것 같아요.

16과 생활 속의 환경 문제

2. 플라스틱 사용을 줄이기 위한 노력

MP3 / 32

• 학습 목표: 플라스틱 사용을 줄이는 노력에 대한 글을 읽고 이해할 수 있다.

Ⅰ. 준비해 봅시다

1 여러분은 일회용품을 얼마나 많이 사용합니까?

일회용품

친환경 제품

2 들은 내용은 무엇에 대한 뉴스입니까? (   )

① 이상 기후의 원인
② 심각한 쓰레기 문제
③ 일회용 컵 사용 금지
④ 플라스틱의 재활용 방법

일회용품 이상 기후

II. 읽어 봅시다

다음 글을 읽고 질문에 답하십시오.

플라스틱은 자연적으로 없어지지 않기 때문에 한번 만들어진 플라스틱은 지구 어딘가에 남아서 환경을 오염시킨다. 땅에 묻어도 수백 년 동안 썩지 않고 태워도 땅과 공기에 해로운 것들이 그대로 남아 있게 된다. 우리가 일상생활에서 흔하게 사용하는 일회용품의 대부분은 플라스틱으로 만들어진다. 커피를 마실 때 사용하는 일회용 컵과 빨대, 물건을 산 후 받은 비닐봉지, 식당의 포장용 그릇 등을 생각해 보면 우리가 얼마나 많은 플라스틱을 한 번 사용하고 버리는지 알 수 있다. 환경오염 문제가 점점 심각해지고 있는 요즘, 이제는 사용 후 재활용을 하는 것보다 플라스틱의 사용을 줄이는 것이 더 중요한 문제가 되었다.

현재 여러 나라들이 플라스틱 사용을 줄이기 위한 법을 만들었다. 한국의 경우, 플라스틱 사용을 줄이기 위해 카페 안에서는 일회용 컵을 사용할 수 없도록 하고 있다. 인도의 카르나타카 주에서는 일회용 플라스틱의 사용이 금지되어 있다. 어떤 가게에서도 비닐봉지, 일회용 플라스틱 그릇, 일회용 숟가락 등을 판매할 수 없다. 호주의 콜스베이와 케냐에서도 비닐봉지 사용이 금지되었으며 미국 샌프란시스코에서는 비닐봉지뿐만 아니라 공공기관 건물에서 페트병에 담긴 생수를 판매하는 것도 금지하고 있다.

이러한 국가적 노력과 함께 개인의 노력 역시 중요하다. 플라스틱 사용을 줄이기 위해서 개인이 할 수 있는 노력으로는 어떤 것들이 있을까? 첫 번째, 개인 컵 및 텀블러를 사용하는 것이다. 커피를 사서 가지고 나가는 경우뿐만 아니라 카페 안에서도 개인 컵이나 텀블러를 사용하는 것이 좋다. 실제로 이를 위해 여러 카페에서 개인 텀블러를 사용할 경우 가격을 할인해 주고 있다. 두 번째는 비닐봉지 대신 장바구니를 활용하는 것이다. 요즘은 대형 마트나 큰 슈퍼마켓에서 비닐봉지를 무료로 제공하는 것이 금지되어 있다. 장을 보러 갈 때 장바구니를 들고 가면 환경 보호도 하고 돈도 절약할 수 있다. 세 번째, 요즘 손잡이를 대나무로 만든 칫솔, 종이로 만든 빨대 등과 같이 플라스틱 대신에 다른 재료로 만들어진 상품들이 많이 나오고 있는데 이러한 제품을 적극적으로 찾아서 사용하는 것도 하나의 방법일 것이다.

자연적 지구 해롭다 빨대 심각하다 공공기관 국가적 텀블러 비닐봉지 불필요하다

플라스틱의 사용을 줄이는 것은 이제 선택의 문제가 아닌 필수이다. 불필요한 플라스틱의 사용을 최소화해야 한다. 우리가 조금만 생각을 바꾸고 노력한다면 작은 노력들이 모여 지구를 살리는 큰 힘이 될 것이다.

1 각 단락의 중심 내용을 맞게 연결하십시오.

첫 번째 단락 •	• 플라스틱의 사용과 환경오염
두 번째 단락 •	• 플라스틱 사용을 줄이는 것은 필수이다.
세 번째 단락 •	• 플라스틱 사용을 줄일 수 있는 개인적 노력의 방법
네 번째 단락 •	• 플라스틱 사용을 줄이기 위한 여러 나라의 노력

2 각 나라들은 플라스틱을 줄이기 위해 어떤 노력을 합니까? 읽고 빈 칸을 채우십시오.

한국	
인도 카르나타카	
호주 콜스베이	
케냐	비닐봉지 사용이 금지되어 있다.
미국 샌프란시스코	

최소화하다

3 이 글의 내용과 같은 것을 고르십시오. (　　)

① 일회용품의 대부분은 플라스틱 제품이다.
② 플라스틱을 재활용하는 기술 개발이 필요하다.
③ 플라스틱 제품의 대부분은 재활용이 불가능하다.
④ 국가가 모든 플라스틱 제품의 사용을 금지시켜야 한다.

4 개인이 할 수 있는 플라스틱 사용을 줄이는 방법을 찾아서 쓰십시오.

1) ____________________

2) ____________________

3) ____________________

. 정리해 봅시다

여러분은 환경 보호를 위해 어떤 노력을 하고 있습니까? 보기와 같이 이야기해 봅시다.

보기

저는 일회용품을 사지 않으려고 노력해요.

복습

1 다음 글을 읽고 질문에 답하십시오.

여러분 나라에는 광산이 있습니까? '광산'하면 왠지 시골이나 깊은 산속에 있을 것 같은데 여러분이 살고 있는 도시에도 광산, 즉 '도시 광산(Urban mining)'이 있습니다. 왜냐하면 시골이나 산속에 있는 광산에서 금속을 캐낼 수 있는 것처럼 도시에 사는 사람들이 쓰다가 버린 전자 제품들에서 금과 은을 포함한 다양한 금속을 캐낼 수 있기 때문입니다. 도시 광산에서 금속을 뽑아내어 재활용하는 산업을 도시 광산 산업이라고 하는데 이 산업의 장점이 몇 가지 있습니다.

첫째, 도시 광산 산업의 가장 큰 장점은 가까운 곳에서 금, 은 등의 금속을 얻을 수 있다는 점입니다. 한국은 세계적으로 금속을 많이 소비하는 국가이지만 땅속에 묻혀 있는 금속이 많지 않기 때문에 대부분의 금속을 다른 나라에서 수입하고 있습니다. 그러나 도시 광산 산업이 발전한다면 수입에 의존하지 않아도 도시에서 버려진 전자 제품들에서 금, 은 등의 금속을 얻을 수 있을 것입니다. 예를 들면 한국 소비자들은 보통 약 2년이 지나면 휴대 전화를 바꾸기 때문에 1년에 2천만 대의 휴대 전화가 버려지고 있다고 합니다. 이렇게 버려진 휴대 전화 안에 있는 금만 모아도 1년에 약 220억 원 정도 된다고 합니다.

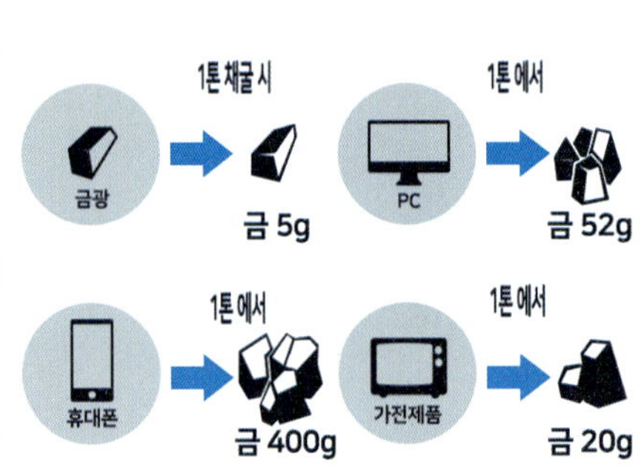

도시 광산 산업의 또 다른 장점은 환경을 보호할 수 있다는 점입니다. 전자 제품 쓰레기들은 대부분 땅에 묻히거나 태워지는데 이러한 과정에서 환경을 오염시키는 금속들이 땅이나 물로 흘러 들어가게 됩니다.

광산　왠지　캐내다　뽑아내다　산업

하지만 환경을 오염시키는 금속들을 도시 광산 산업을 통해서 재활용한다면 환경을 보호하는 데 도움이 될 것입니다.

또한 도시 광산 산업은 새로운 일자리를 제공합니다. 특히 버려진 전자 제품을 모아서 나누는 간단한 일들은 장애가 있는 분이나 나이 드신 분들도 하실 수 있기 때문에 장애인이나 노인들과 같이 일자리를 구하기 어려운 사람들도 일할 기회를 얻을 수 있습니다.

도시 광산 산업은 기술이 발전한다면 매우 효율적인 산업이 될 것입니다. 광산에서 땀 흘리며 일해서 금광석 1톤을 캐내면 금을 5g 얻을 수 있지만 휴대 전화 1톤에서는 금을 400g, 컴퓨터에서는 금을 52g, 가전제품에서는 금을 20g 얻을 수 있습니다. 그러나 도시 광산 산업이 효율적이라고 쉽게 말할 수 없는 이유는 비용도 따져 봐야 하기 때문입니다. 버려진 전자 제품들을 모아서 나누고 금속들을 뽑아내는 데 비용이 너무 많이 든다면 아무리 전자 제품에서 얻을 수 있는 금속의 양이 많다고 해도 효율적이라고 말하기는 힘들 것입니다. 따라서 앞으로 도시 광산 산업이 효율적인 산업으로 발전하기 위해서는 비용을 최소화할 수 있는 기술이 필수적입니다.

도시 광산 산업은 금속의 가격이 오르면 인기가 더 높아지고, 금속의 가격이 떨어져서 금속을 뽑아내는 비용보다 금속을 구입하는 비용이 더 적어지면 인기가 떨어질 수 있습니다. 하지만 분명한 사실은 땅에 묻혀 있는 금속의 양은 제한되어 있고 우리는 앞으로 계속 금속을 사용해야 한다는 것입니다. 이런 현실 속에서 도시 광산 산업은 필요한 금속을 계속 얻을 수 있고 환경 보호에도 도움이 되는 좋은 방법이라고 할 수 있습니다.

1. **도시 광산에 대한 설명으로 맞는 것은 무엇입니까? (　　)**

① 도시 광산은 깊은 산속에 있다.
② 도시 광산에서 금속을 뽑아내서 재활용할 수 있다.
③ 도시 광산은 땅속에 있는 금과 은을 캐내는 것이다.
④ 도시 광산 때문에 환경 오염 문제가 심각해지고 있다.

효율적　금광석　따지다

복습

2. 이 글의 내용과 다른 것을 고르십시오. (　　)

① 한국은 세계적으로 금속을 많이 소비하는 국가이다.
② 한국 소비자들은 보통 2년마다 휴대 전화를 교체한다.
③ 한국은 대부분의 금속을 국내의 도시 광산에서 얻고 있다.
④ 전자 제품을 모아서 나누는 일은 노인들도 할 수 있는 일이다.

3. 도시 광산 산업의 장점 3가지를 쓰십시오.

1) ______________________________

2) ______________________________

3) ______________________________

4. 도시 광산 산업이 효율적인 산업이 되기 위해서 필요한 것은 무엇입니까?
(　　)

① 땅속에 묻혀 있는 다양한 금속이 필요하다.
② 비용을 최소화할 수 있는 기술이 필요하다.
③ 도시 광산 산업에서 일할 사람들이 필요하다.
④ 도시에서 버려진 전자 제품이 많이 필요하다.

문화

월드컵 공원

여러분은 상암동에 있는 월드컵 공원에 가 본 적이 있습니까? 월드컵 공원에 가면 아름다운 꽃과 나무를 볼 수 있습니다. 그리고 체육 시설, 놀이 시설, 산책로, 자전거 길 등이 있어서 온 가족이 즐길 수 있습니다. 하지만 이렇게 멋진 월드컵 공원이 옛날에는 쓰레기장이었다는 사실을 알게 되면 많은 사람들이 놀랍니다. 월드컵 공원이 있던 곳은 옛날에 '난지도'라고 불리던 곳이었습니다. 난지도는 1978년 서울의 쓰레기장으로 정해진 후 많은 쓰레기가 쌓여서 2개의 큰 쓰레기 산이 생겼습니다. 그리고 나쁜 냄새가 나고 더러운 물이 흘러 나왔습니다. 그러나 1992년에 다른 곳에 쓰레기장이 생기면서 난지도에 더러운 쓰레기가 더 이상 쌓이지 않게 되었습니다. 이후 서울시는 난지도를 아름다운 공원으로 만들 계획으로 난지도의 쓰레기 산을 흙으로 덮고 공원을 건설하기 시작했습니다. 옛날의 쓰레기장 난지도는 이제 사람들이 자연을 느낄 수 있는 아름다운 월드컵 공원으로 바뀌었습니다.

1. **지금 월드컵 공원이 있는 곳은 옛날에 어떤 곳이었습니까?**

2. **여러분 나라에도 월드컵 공원처럼 온 가족이 즐길 수 있는 곳이 있습니까?**

건설

17과 개인과 공동체

1. 우리 사회의 개인주의

MP3 / 33

• 학습 목표: 우리 사회의 개인주의에 대한 이야기를 듣고 이해할 수 있다.

I. 준비해 봅시다

1 주위에서 볼 수 있는 개인주의 모습은 어떤 것들이 있을까요?

2 다음 글은 무엇에 대해 이야기하고 있습니까? (　　)

대한 연구소에서 실시한 설문 조사에 따르면 직장의 개인주의에 대해서 긍정적으로 생각하는 사람(71.5%)이 부정적으로 생각하는 사람(28.5%)보다 더 많은 것으로 나타났다. 직장의 개인주의를 긍정적으로 생각하는 가장 큰 이유는 '개인의 생활을 서로 존중해 줄 수 있기 때문에'(52.1%)였다. 직장의 개인주의를 부정적으로 생각하는 가장 큰 이유는 '함께 일할 때 불편할 것 같기 때문에'(61%)였다.

① 개인주의가 회사에서 필요한 이유
② 개인주의를 부정적으로 생각하는 이유
③ 직장의 개인주의에 대한 사람들의 생각
④ 직장에서 서로 개인의 삶을 존중해 줄 수 있는 방법

개인주의

Ⅱ. 들어 봅시다

[1] 듣고 질문에 답하십시오.

1 두 사람은 무엇에 대해서 이야기합니까? (　　)

① 개인주의의 장점과 단점
② 우진 씨의 이기적인 행동
③ 개인주의와 이기주의의 다른 점
④ 개인주의와 이기주의의 비슷한 점

[2~3] 듣고 질문에 답하십시오.

2 들은 내용과 다른 것을 고르십시오. (　　)

① '혼밥'은 새로 생긴 말이다.
② '혼밥족'은 다른 사람의 눈치를 본다.
③ '혼밥'이 좋은 점만 있는 것은 아니다.
④ '혼밥족'은 혼자 밥을 먹는 사람들을 의미한다.

3 혼자 밥을 먹는 것에 대해 걱정하는 사람들의 생각을 고르십시오. (　　)

① 혼자 밥을 먹으면 건강이 나빠질 수 있다.
② 혼자 밥을 먹으면 시간적으로 여유가 없다.
③ 혼자 밥을 먹으면 돈을 너무 많이 쓸 수 있다.
④ 혼자 밥을 먹으면 재미가 없는 삶을 살 수 있다.

이기적　이기주의　이익　권리　일으키다　시선　의식하다　칸막이　끌다
눈치를 보다

[4~6] 듣고 질문에 답하십시오.

4 두 사람은 무엇에 대해서 이야기합니까? (　　)

① 개인주의의 장점과 단점
② 요즘 젊은 사람들의 개인주의
③ 여러 사람과 일할 때 지켜야 할 예절
④ 회사의 발전을 위해서 개인주의가 필요한 이유

5 남자에 대한 설명으로 맞지 <u>않는</u> 것을 고르십시오. (　　)

① 젊었을 때 회식에 잘 참석했다.
② 상사가 퇴근할 때까지 기다렸다.
③ 주말에도 회사에 나가서 일한 적이 있다.
④ 요즘 상사가 회식을 너무 자주 하자고 해서 힘들다.

6 여자의 생각과 같은 것을 고르십시오. (　　)

① 젊은 사람들의 개인주의를 보면 답답해진다.
② 회사가 어려우면 자신의 삶을 희생할 수 있다.
③ 자기 일이 끝나도 상사가 퇴근할 때까지 기다려야 한다.
④ 회사의 목적을 이루는 것과 개인의 꿈을 이루는 것 모두 중요하다.

지시　단합　희생하다

정리해 봅시다

혼자 밥을 먹거나 술을 마셔 본 적이 있습니까? 혼자 밥을 먹거나 술을 마시는 것에 대해서 어떻게 생각합니까?

17과 개인과 공동체

2. 따로 또 같이, 함께 사는 집

MP3 / 34

• 학습 목표: 함께 사는 집에 대한 글을 읽고 이해할 수 있다.

Ⅰ. 준비해 봅시다

1 지금 어디에서 살고 있습니까? 그곳의 장점과 단점은 무엇입니까?

주거 형태

- 고시원
- 하숙집
- 원룸
- 기타

- 월세가 싸요. / 비싸요.
- 학교에서 가까워요. / 멀어요.
- 혼자 살아서 좀 외롭지만 편해요. / 다른 사람들과 함께 살아서 가끔 불편할 때가 있어요.
- 방이 넓어요. / 좁아요.
- 주변에 편의 시설이 많아요. / 적어요.

2 듣고 윤아 씨가 정미 씨와 함께 살 때 장점이라고 말한 두 가지를 쓰십시오.

1) ______________________________

2) ______________________________

II. 읽어 봅시다

다음 글을 읽고 질문에 답하십시오.

혼자 사는 사람들이 많아지고 도심의 집값이 비싸지면서 주거비를 줄일 수 있는 셰어하우스(Sharehouse)의 인기가 높아지고 있다. 셰어하우스는 여럿이 한 집에서 살면서 침실은 따로 사용하지만 거실, 화장실, 부엌 등은 함께 사용하는 주거 형태를 말한다.

셰어하우스에서 살면 보증금과 월세를 여러 사람이 나눠서 내기 때문에 주거비 부담을 줄일 수 있다. 그리고 대부분의 셰어하우스는 가구, 가전제품 그리고 조리 기구까지 갖추어져 있기 때문에 집을 나와서 처음 혼자 살기 시작할 때 드는 초기 비용을 아낄 수 있다. 또한 여러 사람들과 함께 어울려 살기 때문에 외로움을 해소할 수 있다. 어떤 셰어하우스는 처음부터 취미가 비슷한 사람들을 입주시켜서 함께 즐겁게 취미 활동을 할 수 있도록 지원해 주기도 한다. 하지만 장점만 있는 것은 아니다. 여러 사람들이 함께 사는 만큼 서로 안 맞을 때 갈등이 생길 수 있고 혼자 살 때보다 불편한 점들이 있을 수밖에 없다.

이런 단점들이 있지만 셰어하우스의 장점에 매력을 느껴서 입주하기로 결정했다면 입주 전에 꼼꼼하게 확인해야 할 것들이 있다. 첫째, 셰어하우스에 직접 방문해서 홈페이지나 블로그에 있는 사진이 실제와 같은지 확인해야 한다. 셰어하우스는 부동산을 통하지 않고 집 주인이 직접 자신의 홈페이지나 블로그 등을 통해서 광고를 하는 경우가 많은데 홈페이지나 블로그에 있는 사진과 실제가 다를 수 있기 때문에 직접 방문해서 꼼꼼히 살펴보고 입주를 결정해야 한다. 둘째, 지원해 주는 물건들이 있는지 확인해야 한다. 셰어하우스에 따라서 쓰레기봉투, 세제, 휴지, 쌀 등을 지원해 주는 곳도 있다. 같은 값이면 다홍치마라고 월세가 비슷할 경우 지원해 주는 물건이 많은 곳을 선택하는 것이 좋다. 셋째, 관리비와 공과금이 얼마나 나오는지 확인해야 한다. 관리비와 공과금으로 매달 일정한 금액을

주거비　여럿　해소하다　입주　같은 값이면 다홍치마

낼 수도 있고 매달 나오는 관리비와 공과금 금액을 입주자 수로 나눠서 낼 수도 있는데 금액이 얼마나 나오는지 확인해 보고 입주를 결정해야 한다. 넷째, 입주자들이 지켜야 할 생활 규칙이 있는지 확인해야 한다. 규칙이 나와 맞지 않는다면 생활하기 불편할 수 있기 때문이다. 마지막으로 계약서를 쓰는지 확인해야 한다. 대부분의 셰어하우스는 주인과 직접 계약을 하는 경우가 많아서 부동산을 통해서 계약할 때 꼭 쓰는 계약서를 생략하는 경우가 종종 있다. 하지만 세입자로서 권리를 보호받기 위해서 계약서는 꼭 필요하다. 셰어하우스 운영자가 계약서를 안 써도 된다고 해도 계약서를 쓰겠다고 말해야 한다.

셰어하우스는 앞으로 계속 늘어날 것으로 보인다. 다양한 셰어하우스들 중에서 더 나은 곳을 찾기 위해서 그리고 나중에 일어날 수 있는 곤란한 일들을 피하기 위해서 입주 전에 중요한 점들을 반드시 확인해야 한다.

1 이 글은 어떤 사람이 읽으면 가장 도움이 될까요? (   )

① 셰어하우스에 입주하려는 사람
② 셰어하우스를 광고하는 회사 직원
③ 셰어하우스 사업을 시작하려는 사람
④ 셰어하우스에서 같이 살 사람을 구하는 사람

2 이 글에서 글쓴이가 말하지 않은 것을 고르십시오. (   )

① 셰어하우스의 사진과 실제가 같은지 확인해야 한다.
② 셰어하우스에서 쌀, 휴지 등을 지원해 주는지 확인해야 한다.
③ 셰어하우스에 살면서 지켜야 할 생활 규칙이 있는지 확인한다.
④ 셰어하우스에서 취미 활동을 할 수 있는 공간이 충분한지 확인한다.

3 셰어하우스의 장점이 아닌 것을 고르십시오. (   )

① 월세와 보증금 부담을 줄일 수 있다.
② 대부분 가구와 가전제품이 갖추어져 있다.
③ 혼자 사용할 수 있는 침실과 거실이 있어서 편하다.
④ 여러 사람들과 어울려 살기 때문에 외로움을 해소할 수 있다.

금액　입주자　세입자　생략하다

4 윗글에서 말한 셰어하우스의 단점은 무엇입니까?

.정리해 봅시다

여러분은 셰어하우스에 입주할 생각이 있습니까? 왜 그렇게 생각합니까?

18과 변화하는 사회

1. 새로운 가치관

MP3 / 35

• 학습 목표: 새로운 가치관에 대한 내용을 듣고 이해할 수 있다.

Ⅰ. 준비해 봅시다

1 요즘 사람들의 생각은 어떻습니까? 여러분은 이것에 대해서 어떻게 생각합니까?

2 다음 글은 무엇에 대한 이야기입니까? (　　)

시대가 변하면서 데이트 비용은 남자가 부담해야 한다는 전통적인 사고방식도 바뀌고 있다. 실제로 연인들의 데이트 비용을 어떻게 부담하면 좋을지에 대해서 조사한 결과 남녀 모두 '수입이 높은 사람이 더 많이 내야 한다'는 의견이 67%로 가장 높았고 그 다음으로는 '반반씩 나눠서 내야 한다'는 의견이 23%로 뒤를 이었다.

과거에는 남자가 돈이 없어도 데이트에 드는 비용을 모두 부담하는 것이 예의 있고 여자 친구를 사랑하는 행동이라고 생각했다. 하지만 이제는 남녀가 데이트 비용을 나누어 내는 것이 예의 있고 상대를 배려하는 행동이라고 생각하는 시대가 되었다.

① 데이트 비용에 대한 남자들의 부담감
② 데이트 비용 때문에 헤어지는 연인들
③ 데이트 비용에 대한 사고방식의 변화
④ 데이트 비용에 대한 남녀의 생각의 차이

Ⅱ. 들어 봅시다

[1] 듣고 질문에 답하십시오.

1 요즘 젊은 사람들의 경제관으로 맞는 것을 고르십시오. (　　)

① 미래의 행복을 중요시한다.
② 현재의 작은 행복에 만족하려고 한다.
③ 고가의 가방을 사는 것으로 행복을 느낀다.
④ 남들보다 비싸고 좋은 물건을 사면서 행복을 느낀다.

[2~3] 듣고 질문에 답하십시오.

2 젊은 사람들의 직업관에 대한 설명으로 맞지 않는 것을 고르십시오. (　　)

① 10년 동안 평균 4번 정도 직장을 옮긴다.
② 다른 직업으로 바꾸는 경우가 전보다 많아졌다.
③ 사회에 적응하지 못해서 직장을 옮기는 경우가 대부분이다.
④ 다시 직장을 구하지 않고 개인 사업을 하는 사람들이 늘고 있다.

3 직장을 옮기는 것에 대해서 사람들의 생각이 왜 긍정적으로 변했습니까?

____

구입하다　고가　예전　평생　기성세대

[4~6] 듣고 질문에 답하십시오.

4 들은 내용과 같은 것을 고르십시오. (   )

① 결혼 건수는 시간이 지나면서 늘어나고 있다.
② 아직도 미혼 남녀들 대부분은 '결혼은 꼭 해야 한다'라고 생각한다.
③ '미혼'이라는 말은 지금 시대에 맞지 않는다고 생각하는 사람들이 많다.
④ 과거에는 결혼을 하지 않은 사람들에 대해 부정적인 생각이 많지 않았다.

5 남자와 여자가 결혼하지 않는 제일 큰 이유는 무엇인지 쓰십시오.

남자: 비싼 결혼 비용과 집값 ______________________

여자: 아이를 낳고 기르는 문제 ______________________

6 다음 중 한국의 결혼율의 변화와 맞는 그래프를 고르십시오. (   )

①

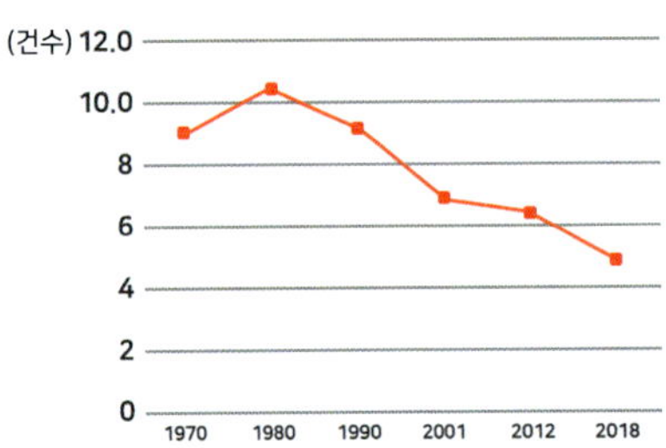

②

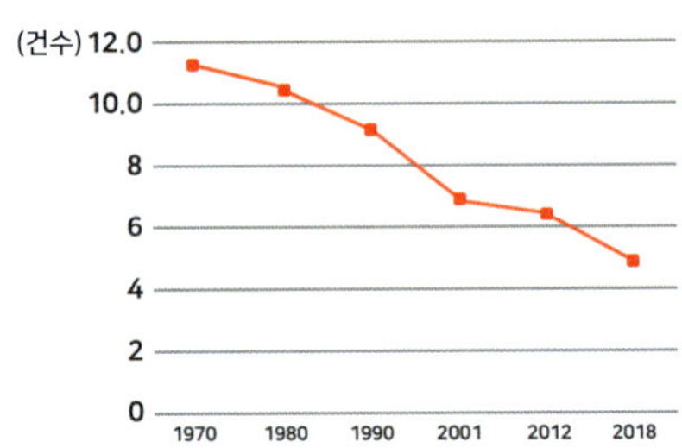

③

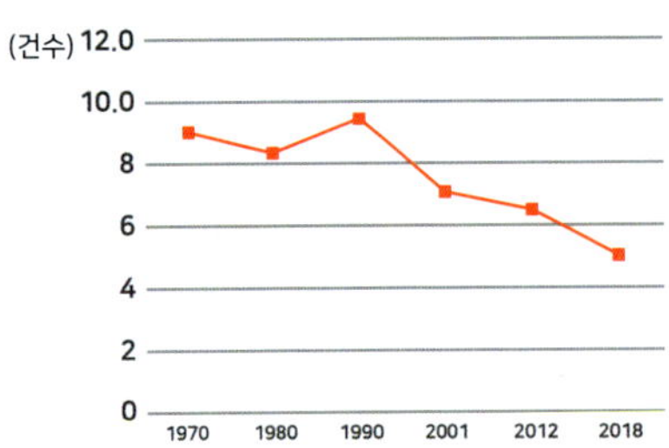

④

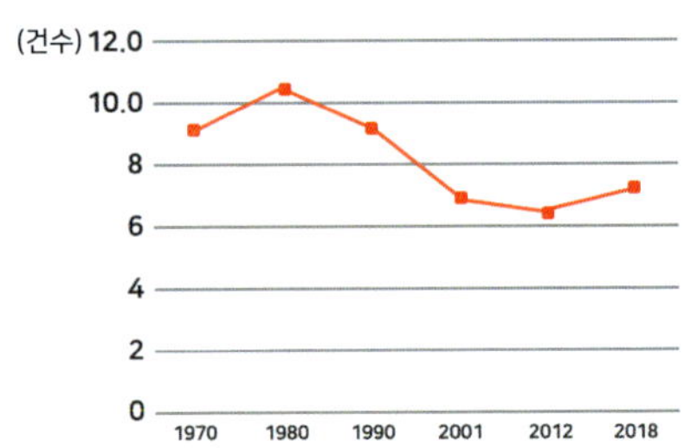

개념 차별 건수

I. 정리해 봅시다

여러분 나라 사람들의 가치관은 예전과 어떻게 달라졌습니까? 이야기해 보십시오.

가치관	과거	현재
경제관	• 예전에는 돈을 저축하는 것이 중요하다고 생각했다. •	• 요즘에는 자기가 좋아하는 것에 돈을 아끼지 않고 쓴다. •
직업관	• •	• •
결혼관	• •	• •

18과 변화하는 사회

2. 새롭게 태어난 도시

MP3 / 36

• 학습 목표: 새롭게 태어난 도시에 대한 내용을 읽고 이해할 수 있다.

Ⅰ. 준비해 봅시다

1 위 그림과 아래 그림을 보고 도시가 어떻게 바뀌었는지 이야기해 보십시오.

<전>

<후>

<전>

<후>

2 듣고 다음 중 이 도시에서 새로 만든 것에 모두 ✔하십시오.

- ☐ 전기 자전거
- ☐ 쓰레기 처리 시설
- ☐ 운전기사가 없는 전기 버스
- ☐ 운전하는 사람이 없는 지하철

II. 읽어 봅시다

다음 글을 읽고 질문에 답하십시오.

독일 북서쪽에 위치한 인구 50만 명의 도시 뒤스부르크는 라인 강과 루르 강이 만나는 곳에 위치해 있어서 독일 북부의 여러 항구와 연결되는 유럽 제일의 항구 도시이다. 뒤스부르크는 150년 전부터 석탄과 철강 산업을 통해서 독일의 산업 발전에 큰 역할을 했다. 하지만 석탄과 철강 산업이 위기를 맞으면서 이곳에 있던 독일 최대의 제철소가 문을 닫게 되자 일자리를 잃은 사람들이 심각하게 증가하였고 지역 경제는 거의 죽어 버리게 되었다. 유령 도시처럼 변한 뒤스부르크를 더 이상 그대로 둘 수 없어서 정부와 시민들은 도시를 다시 살리기 위한 도전을 시작했다.

이들은 그동안 산업화 과정에서 나타난 환경 문제, 여가 시설의 부족, 비효율적인 공간 활용 등 여러 가지 도시의 문제들을 해결하면서 지역 경제를 살릴 수 있는 방법을 찾았다. 그래서 다음과 같은 세 가지 원칙을 가지고 도시를 새롭게 바꾸었다. 첫째, 지역 주민들도 즐기고 그들 스스로 살아갈 수 있도록 문화 산업을 계획했다. 둘째, 사람만이 아니라 자연과 환경을 생각했다. 셋째, 새 건물을 짓는 것이 아니라 있던 건물을 재활용했다. 이러한 원칙들을 적용해서 버려진 제철소를 대규모의 환경공원으로 만들었다.

뒤스부르크 환경공원 안에는 700여 종류의 식물이 자라고 있고 주요 시설로는 전망대, 워터파크(water park), 다이빙장 등이 있다. 전망대는 공장의 가장 높은 곳에 있는데 공원 전체의 경치를 감상할 수 있고 밤에는 아름다운 불빛을 볼 수 있어서 환경공원에서 빼놓을 수 없는 곳이다. 워터파크는 공장이 바쁘게 돌아가던 시절 루르 강으로 더러운 물을 흘려보내기 위해서 만들어진 물길을 활용했다. 또한 100m 규모의 가스탱크는 물을 채워서 유럽에서 가장 깊은 다이빙장으로 만들었다. 예전에 석탄이나 철을 나르던 철길은 크게 바꾸지

항구 석탄 철강 산업화 제철소 유령 대규모 주요 다이빙장 가스탱크

않고 산책할 수 있게 활용해서 공원 안과 밖을 자연스럽게 연결했다. 직원들이 근무하던 공장 사무실은 손님들이 묵을 수 있는 호텔로, 남는 공간은 다양한 예술 작품을 전시해서 사람들이 감상할 수 있게 했다. 무엇보다 뒤스부르크의 역사를 교육하는 프로그램을 통해서 사람들에게 제철소였던 지역의 역사를 잊지 않게 하고 시간에 따라 이 지역이 어떻게 변했는지 보여 주고 있다.

뒤스부르크는 시민들의 적극적인 참여를 통해서 도시가 다시 살아났을 뿐만 아니라 이 곳 주민들의 삶도 다시 살아나게 되었다. 그리고 과거의 산업현장인 공장에 미래의 가치를 가진 환경의 의미를 더해서 요즘 사람들이 즐길 수 있는 문화 산업으로 만들었다. 이제 뒤스부르크 환경공원은 새롭게 태어난 도시 하면 생각나는 대표적인 곳으로 세계에 하나 밖에 없는 공장 공원이 되었다.

1 뒤스부르크에 대한 설명으로 맞지 않는 것을 고르십시오. (　　)

① 뒤스부르크는 유럽 제일의 항구 도시이다.
② 버려진 제철소를 없애고 새로 대규모의 환경공원을 만들었다.
③ 뒤스부르크 환경공원은 세계 어디에도 없는 유일한 공장 공원이다.
④ 뒤스부르크 환경공원 안에는 전망대, 워터파크, 다이빙장 등이 있다.

2 환경 공원의 과거의 시설과 현재의 시설을 맞게 연결하십시오.

가스 탱크 •	• 호텔
공장 사무실 •	• 전망대
석탄을 나르던 철길 •	• 산책로
공장의 가장 높은곳 •	• 다이빙장
더러운 물을 흘려보내던 물길 •	• 워터파크

철길

3 버려진 제철소를 대규모의 환경공원으로 만든 세 가지 원칙을 쓰십시오.

1) ______________________________

2) ______________________________

3) ______________________________

4 글쓴이의 생각과 같은 것은 무엇입니까? (　　)

① 도시는 계속 발전할 수 없다.
② 도시를 살릴 때 사람만 생각하면 된다.
③ 도시가 살아나면 주민들의 삶도 살아난다.
④ 도시를 살리기 위해 정부가 노력해야 한다.

Ⅰ. 정리해 봅시다

여러분 나라에서도 버려진 시설을 새롭게 바꾸어서 지역 경제를 살린 예가 있습니까? 보기와 같이 이야기해 보십시오.

보기

이곳은 경기도의 광명동굴이란 곳이에요. 40년 동안 광산으로 사용되다가 광산이 문을 닫고 버려졌었어요. 하지만 지금은 다양한 시설을 갖춘 문화 공간으로 광산체험관, 와인레스토랑 등 다양한 볼거리가 있어서 사람들에게 인기가 많아요.

복습

1 다음 글을 읽고 질문에 답하십시오.

혼자 사는 사람들이 점점 늘어나고 있다. 현재 혼자 사는 사람의 비율은 전체의 30%에 가깝다. 의학의 발달로 인간의 수명이 연장되면서 60대 이상의 혼자 사는 노인들도 증가했고 2000년대 이후 경제적인 어려움, 여성 경제활동의 증가, 결혼에 대한 생각의 변화 등으로 결혼하지 않고 혼자 사는 젊은 사람들도 증가했다. 과거에는 어쩔 수 없이 혼자 사는 사람들이 많았지만 지금은 자신이 원해서 혼자 사는 사람이 많다. 특히 결혼하지 않고 혼자 사는 20~40대의 젊은 사람들은 '혼자만의 편한 생활'과 '혼자이지만 외롭지 않은 생활' 간의 균형을 맞추어 가며 그들만의 행복한 생활을 이루어나가고 있다. 그리고 이것이 우리 사회의 소비 형태나 주거 형태 등에 여러 가지 변화를 일으키고 있다.

혼자 사는 사람들이 많아지면서 식품 판매에 변화가 나타났다. 서울에 있는 한 대형 마트는 최근 3년간 과일의 판매량을 분석했는데 3년 동안 가장 많이 팔린 과일은 바나나였고 딸기와 귤이 그 뒤를 이었다. 과거 오랜기간 동안 가장 인기 있는 과일이었던 사과는 4위를 차지했다. 이것은 식사 대용으로 간단하게 먹을 수 있는 과일, 칼로 껍질을 깎을 필요 없이 쉽게 먹을 수 있는 과일을 선호하기 때문인 것으로 보인다. 또 다 먹지 못해서 버리는 일이 생기지 않도록 소량으로 포장한 음식들도 많아졌다. 많은 양의 식품을 주로 팔던 대형 마트에서도 요즘은 한 사람이 한 끼 먹기에 적당한 양으로 포장한 채소나 고기, 생선 등을 쉽게 찾아볼 수 있다.

가구와 가전제품의 판매에도 변화가 생겼다. 서울의 한 가구점은 지난해 전체 책상 판매량의 50% 정도가 폭 100cm 이하의 소형 책상이었다고 했다. 또 침대 겸 소파, 책상 윗 공간을 활용한 침대 등 작은 공간에서 사용할 수 있는 가구도 인기이다. 가전제품의 경우 1인용 전기밥솥이나 1인용 전자레인지, 작은 세탁기 등 혼자 쓸 수 있는 제품의 판매가 증가했다.

비율 발달 대형 대용 소량 소형

<침대 겸 소파>

<책상 윗 공간을 활용한 침대>

이와 함께 또 하나의 변화가 있는데 그것은 주거 형태이다. 혼자 사는 것의 단점을 보완할 수 있는 셰어하우스가 새로운 주거 형태로 등장하여 인기를 끌고 있다. 셰어하우스에서는 방은 개별적으로 사용하지만 거실, 주방, 세탁실 등의 공간은 함께 이용한다. 주거비에 대한 경제적 부담을 줄이고 혼자라는 자유를 느끼면서도 누군가와 함께 있다는 따뜻함을 느낄 수 있어서 셰어하우스가 인기가 많다. 최근에는 단순히 집을 함께 쓰는 것을 넘어서 취미를 생활까지 함께하는 셰어하우스들이 생겼다. 이태원에 있는 셰어하우스에 사는 최우주씨는 '요리를 좋아하는 사람'들이 모인 집에 살고 있다. 그는 처음 이 집에 들어올 때 사람에 대한 기대를 했다고 한다. 나와 비슷한 사람과 함께 살면서 취미와 감정을 나눌 수 있다는 것에 매력을 느껴서 셰어하우스에 살게 됐다고 한다. 이외에도 영화를 좋아하는 사람, 꽃을 좋아하는 사람, 반려동물을 키우는 사람들이 모여서 사는 셰어하우스도 있다.

2035년이 되면 결혼을 해서 두 명이 살거나 아이와 함께 사는 서너명의 가족 보다 혼자 사는 사람의 수가 더 많아질 거라고 한다. 앞으로 우리 사회에 이들에 의한, 그리고 이들을 위한 더 많은 변화가 일어날 것으로 보인다.

1. 이 글을 읽고 알 수 없는 것을 고르십시오. (　　)

① 최근 소비 형태의 변화
② 새롭게 나타난 주거 형태
③ 가치관의 변화에 따른 문제점
④ 혼자 사는 사람이 많아진 이유

개별　부담

2. 셰어하우스에 대한 설명으로 이 글의 내용과 같은 모두 것에 ✔ 하십시오.

☐ 최근 새로운 주거 형태로 등장하였다.
☐ 셰어하우스에 살려면 취미가 있어야 한다.
☐ 주거비를 줄일 수 있다는 경제적인 장점이 있다.
☐ 방, 거실, 주방을 함께 사용하는 주거 형태를 말한다.

3. 이 글의 내용과 같은 것을 고르십시오. (　　)

① 요즘 가구점에서는 작은 크기의 가구들이 많이 팔리고 있다.
② 쉽게 요리할 수 있는 재료인 고기와 생선의 판매량이 늘었다.
③ 칼로 껍질을 깎을 필요가 없거나 크기가 작은 과일이 인기이다.
④ 혼자 사는 사람들의 건강을 위해서 마트에서 채소 판매를 늘렸다.

4. 혼자 사는 사람이 많아지면서 나타난 또 다른 변화가 있습니까?
보기 와 같이 이야기해 봅시다.

혼자 사는 사람들을 위한 이삿짐센터가 있어요. 2t 이하의 이사만 전문적으로 하는 곳이에요. 짐이 적어도 부담없이 이용할 수 있고 이용 요금도 비싸지 않아서 좋아요.

서울 역사박물관

서울 역사박물관은 한국의 수도, 서울의 역사를 살펴볼 수 있는 박물관입니다. 조선 시대부터 현재에 이르기까지 변화하는 서울의 모습을 볼 수 있습니다.

외국인을 대상으로 하는 교육 프로그램도 있습니다. 3월부터 12월까지 매월 첫째 월요일, 총 8회 운영되는 이 강의에서는 서울의 역사, 문화와 관련된 다양한 주제들에 대한 내용을 영어로 들을 수 있습니다. 교육시간은 2시간 정도이고 수업료는 내지 않아도 됩니다. 접수는 이메일로 할 수 있습니다.

서울 역사박물관은 지하철 5호선 광화문역과 서대문역 사이에 있습니다. 관람료는 무료이고 매주 월요일과 1월 1일은 휴관일입니다. 박물관 관람 시 음성안내기를 이용하고 싶다면 신분증을 가져가야 합니다. 서울 역사박물관 1층 안내 데스크에서 신분증을 제시하고 대여 신청서를 작성하면 무료로 음성안내기를 대여할 수 있습니다. 음성안내가 가능한 언어는 한국어, 영어, 일본어, 중국어입니다.

1. **서울 역사박물관에서 무엇을 할 수 있습니까?**

2. **한국에서 박물관에 간 적이 있습니까?**

관람료 휴관일 음성안내기

19과 나의 삶

1. 선택의 삶

MP3 / 37

• 학습 목표: 우리 삶의 선택에 관한 이야기를 듣고 이해할 수 있다.

Ⅰ. 준비해 봅시다

1 여러분은 최근에 중요한 선택을 한 적이 있습니까?

2 '짬자면'이 생긴 이유는 무엇입니까? 읽고 답하십시오. (　　)

한국에서 '짬자면'을 먹어본 적이 있습니까? 짬자면은 한 그릇을 반으로 나누어서 한쪽에는 자장면 한 쪽에는 짬뽕을 담아서 먹는 음식을 말합니다. 짬자면을 만든 사람은 짬뽕을 선택하면 자장면을 한 젓가락 먹고 싶고 자장면을 선택하면 짬뽕 국물을 한 숟가락 먹고 싶은 사람들의 마음을 잘 읽은 것 같습니다.

① 살면서 해야 하는 선택이 너무 많기 때문에
② 어느 것 하나를 선택하는 것이 어렵기 때문에
③ 사람들은 익숙한 음식을 선택하고 싶어 하기 때문에
④ 선택하는 것을 좋아하는 사람들의 마음을 읽었기 때문에

II. 들어 봅시다

[1] 듣고 질문에 답하십시오.

1 들은 내용과 같은 것은 무엇입니까? (　　)

❶ 남자는 전부터 다니고 싶어 하던 회사에 취직했다.
❷ 윤아는 두 회사의 입사 시험에 모두 합격하기를 바라고 있다.
❸ 윤아는 어느 회사를 선택할지 결정하지 못해서 고민하고 있다.
❹ 남자는 출퇴근에 걸리는 시간이 회사를 선택할 때 가장 중요하다고 생각한다.

[2~3] 듣고 질문에 답하시오.

2 무엇에 대해서 이야기하고 있습니까? (　　)

❶ 크고 작은 선택의 예
❷ 바른 선택의 장점과 단점
❸ 바른 선택을 하기 위한 방법
❹ 잘못된 선택을 했을 때의 문제점

3 글쓴이가 중요한 선택을 할 때 생각하는 것으로 들은 내용과 다른 것은 무엇입니까? (　　)

❶ 다른 사람의 조언이나 충고 듣기
❷ 10년 후의 내 모습을 생각해 보기
❸ 그 선택의 좋은 점과 나쁜 점 적기
❹ 자신이 진짜 원하는 것이 무엇인지 생각하기

고려하다　신중하다　끊임없이

[4~6] 듣고 질문에 답하십시오.

4 수빈이에 대한 설명으로 맞는 것은 무엇입니까? (　　)

① 수빈이가 쓴 책이 잘 팔렸다.
② 아직 자신이 하고 싶은 일을 찾지 못했다.
③ 원하던 회사에 취직했지만 회사에 가지 않았다.
④ 대학교 4학년 때 갑자기 세계 여행을 떠나겠다고 했다.

5 김정연 씨에 대한 이야기로 맞는 것은 무엇입니까? (　　)

① 자신의 선택을 후회하고 있다.
② 수빈이의 멋있는 모습에 부러움을 느꼈다.
③ 소중한 가족과 함께하는 여유로운 삶에 만족하고 있다.
④ 과거로 돌아갈 수 있다면 수빈이처럼 용기 있는 선택을 할 것이다.

6 들은 내용과 같은 것에 모두 ✔ 하십시오.

- ☐ 수빈이와 김정연 씨는 대학 시절 친한 친구였다.
- ☐ 두 사람은 대학 졸업 후 오랫동안 만나지 못했다.
- ☐ 김정연 씨는 동료와 결혼할 때 회사를 그만둘까 고민을 했다.
- ☐ 수빈이가 세계 여행을 떠날 때 그 선택을 이해할 수는 있었지만 섭섭했다.

시절　작가

정리해 봅시다

짬자면처럼 선택의 어려움을 줄여주는 물건이 있습니까? 보기 와 같이 이야기해 봅시다.

보기

아메리카노와 라떼를 모두 먹을 수 있는 컵

매운 맛과 맵지 않은 맛을 모두 먹을 수 있는 훠궈 냄비

19과 나의 삶

2. 나의 꿈

MP3 / 38

• 학습 목표: 꿈을 위해 노력하는 사람의 이야기를 읽고 이해할 수 있다.

Ⅰ. 준비해 봅시다

1 여러분은 꿈이 있습니까? 지금 그 꿈을 위해서 노력하고 있습니까?

2 미선에 대한 이야기로 들은 내용과 <u>다른</u> 것은 무엇입니까? 듣고 고르십시오. (　　)

① 나중에 무슨 일을 할지 아직 정하지 못했다.
② 연극배우는 미래에 사라질 직업이라고 생각한다.
③ 미래에 가서 어떤 직업이 있는지 보고 오고 싶다고 생각한다.
④ 미래의 직업에 대해서 알게 되면 할 일을 결정하기 쉬울 거라고 생각한다.

타임머신

Ⅱ. 읽어 봅시다

다음 글을 읽고 질문에 답하십시오.

올해로 한국에 온 지 5년이 되었다. 가끔 고향 음식이 그리워지는 때가 있지만 이제는 이곳 생활에 그럭저럭 적응이 됐다. 번역가가 되겠다는 꿈을 안고 처음 한국에 왔을 때는 행복했다. 공부가 재미있었고 이곳에서 만났던 상황들이 모두 내 꿈을 이루어 가는 과정이라는 생각이 들어서 힘들지 않았다. 그러나 요즘 내가 기대한 만큼 한국어 실력이 늘지 않는다는 생각 때문에 마음이 급해지고 불안할 때가 있다. 나에게 맞지 않는 길을 가고 있는 것은 아닌지 고민이 될 때 포기하고 싶은 생각이 든다.

사람들은 힘들 때 그것을 이겨내는 자신만의 방법이 있다. 우리 형은 기도를 한다고 했고 내 룸메이트는 부모님과 이야기를 한다고 했다. 나는 어렸을 때부터 내 방 벽에 내가 존경하는 훌륭한 사람들의 사진을 붙여 놓았다. 힘들거나 포기하고 싶을 때 그 사진들을 보며 다시 용기를 내곤 했다. 요즘은 에디슨과 월트 디즈니의 실패와 성공에 대해서 자주 생각한다.

에디슨은 내가 어렸을 때 가장 존경했던 사람이다. 그는 전에 있던 전구를 연구하여 오랫동안 빛을 내는 지금의 전구를 완성한 사람으로 유명하다. 나는 어두운 것을 너무 무서워했기 때문에 밤에 깜깜한 방에 불을 켜고 들어가면서 그의 전구 발명에 대해서 생각할 때가 많았다. 그의 일생에 대한 책도 여러 권 읽었는데 많은 훌륭한 사람들이 그렇듯이 에디슨도 수없이 많은 실패를 경험하였다. 그는 축전지를 만들기 위해서 2만 5000번의 실험을 했는데 이때 에디슨은 "나는 2만 5,000번을 실패한 것이 아니라 축전지가 작동하지 않는 2만 5,000가지 방법을 안 것입니다."라고 이야기했다고 한다. 그에게 실패는 배움이었던 것 같다.

그럭저럭 발명하다 전구 축전지

애니메이션의 역사를 이야기할 때 월트 디즈니를 빼놓을 수 없다. 그에 대한 책을 초등학생 때 읽었는데 다른 사람에게 꿈과 희망을 주는 사람이 되기까지 그가 수많은 실패를 이겨냈다는 사실은 나에게 깊은 감동을 주었다. 그는 집이 가난해서 아홉 살 때부터 거리를 돌며 신문을 팔고 학교가 끝나면 식당에서 일을 했다고 한다. 고등학교를 그만둔 후에 취직한 광고 회사에서는 그림에 재능이 없으니까 그림 그리는 것을 그만두라는 이야기를 동료들에게 듣기도 했다. 애니메이션을 만드는 회사를 열었지만 실패하여 밥 한 끼 먹을 돈이 없던 시절도 있었다. 그러나 이런 힘든 시간이 그에게는 성공의 씨앗이 되었다. 어느 날 먹을 것이 없던 디즈니는 길에서 누군가 먹다 버린 빵을 주웠다. 사무실로 돌아와 빵을 먹는데 쥐 한 마리가 나타나서 그가 흘린 빵을 먹는 것을 보게 되었다. 그는 펜을 들고 쥐의 모습을 자세히 관찰하여 그림을 그렸는데 이것이 그 유명한 '미키마우스'이다. 그에게 실패의 시절이 없었다면 세계에서 가장 사랑받는 캐릭터 중의 하나인 미키마우스는 탄생하지 못했을지도 모르겠다.

에디슨은 '천재는 1%의 영감과 99%의 노력으로 이루어진다'고 말했다. 그리고 월트 디즈니는 '너에게 끝까지 밀고 나갈 용기가 있다면 너의 꿈은 현실이 될 것이다.'라고 말했다. 오늘도 나는 이 둘의 사진을 보며 생각한다. '나는 노력하는 사람이다. 포기하지 않는 사람이다. 나의 꿈은 이루어질 것이다.' 지금은 내 기대만큼의 결과가 없어도, 번역가가 되고 싶은 나의 꿈이 너무 멀리 있는 것처럼 느껴져도 나는 나의 꿈이 이루어지는 미래의 그날까지 지치지 않고 열심히 뛰어갈 것이다.

1 글쓴이에 대한 설명으로 맞는 것은 무엇입니까? (　　)

① 꿈을 이루지 못할 것 같아서 불안할 때가 있다.
② 한국에서 공부하다가 번역가의 꿈을 키우게 되었다.
③ 한국에 온 지 5년이 지났지만 아직 적응이 되지 않아 힘들 때가 있다.
④ 꿈이 자신에게 맞지 않는다고 생각하지만 그것을 포기할 용기가 없다.

애니메이션　탄생　흘리다　관찰하다　영감

2 글쓴이가 힘들 때 다시 용기를 얻는 방법은 무엇입니까?

---

3 에디슨에 대한 이야기로 이 글의 내용과 같은 것에 모두 ✔ 하십시오.

☐ 여러 번 실패하였지만 포기하지 않았다.
☐ 타고난 재능이 성공 여부를 결정한다고 생각했다.
☐ 실패를 통하여 다른 것을 배울 수 있다고 생각했다.
☐ 어두운 것을 무서워해서 전구 발명에 관심을 가지기 시작했다.

4 월트 디즈니에 대한 이야기로 이 글의 내용과 <u>다른</u> 것은 무엇입니까? (   )

① 집이 가난해서 어릴 때부터 일을 했다.
② 애니메이션의 역사에서 중요한 사람이다.
③ 초등학교 때부터 꿈과 희망을 주는 책을 많이 읽었다.
④ 돈이 없어서 힘들었던 시절에 '미키마우스'를 그리게 되었다.

Ⅰ. 정리해 봅시다

미래가 불안하다고 느껴질 때가 있습니까? 그럴 때 여러분은 어떻게 합니까? 보기 와 같이 이야기해 봅시다.

보기

저는 학교 선생님이 되고 싶어서 공부를 시작했어요. 학교 선생님이 되려면 시험을 봐야 하는데, 선생님이 되고 싶은 사람이 많기 때문에 그 시험에 붙으려면 정말 열심히 공부해야 해요. 가끔 제가 잘할 수 있을까 걱정이 될 때가 있어요. 저는 그럴 때마다 선생님이 되어 아이들을 가르치고 있는 제 모습을 머릿속으로 그려봐요. 그러면 기분이 좋아지고 공부할 힘이 생겨요.

20과

한국의 명절

1. 여러 나라의 새해 풍습

MP3 / 39

• 학습 목표: 새해 풍습에 대한 강연을 듣고 이해할 수 있다.

Ⅰ. 준비해 봅시다

1 여러분의 나라에도 새해에 하는 특별한 인사가 있습니까?

다음은 남자가 세배하는 법입니다.

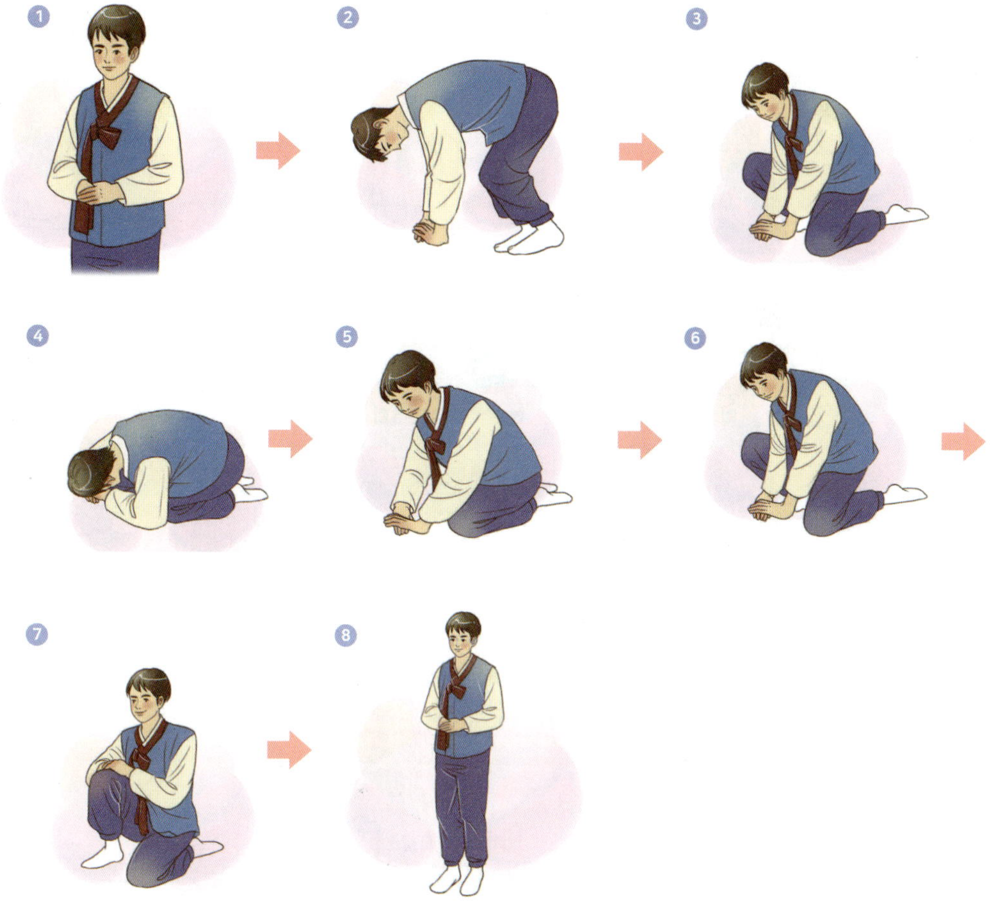

1. 왼손을 위로 하여 두 손을 모은다.
2. 엎드리면서 손을 바닥에 댄다.
3. 왼쪽 무릎을 먼저 꿇고 오른쪽 무릎을 꿇는다.
4. 팔꿈치를 바닥에 붙이면서 이마가 손등에 닿도록 머리를 숙인다.
5. 고개를 들면서 팔꿈치를 바닥에서 뗀다.
6. 오른쪽 무릎을 먼저 세운다.
7. 모든 손을 바닥에서 떼어서 오른쪽 무릎위에 놓는다.
8. 일어나서 두발을 모은다.

꿇다 닿다 숙이다 떼다

여자가 세배하는 법입니다. 그림을 보고 순서를 쓰십시오

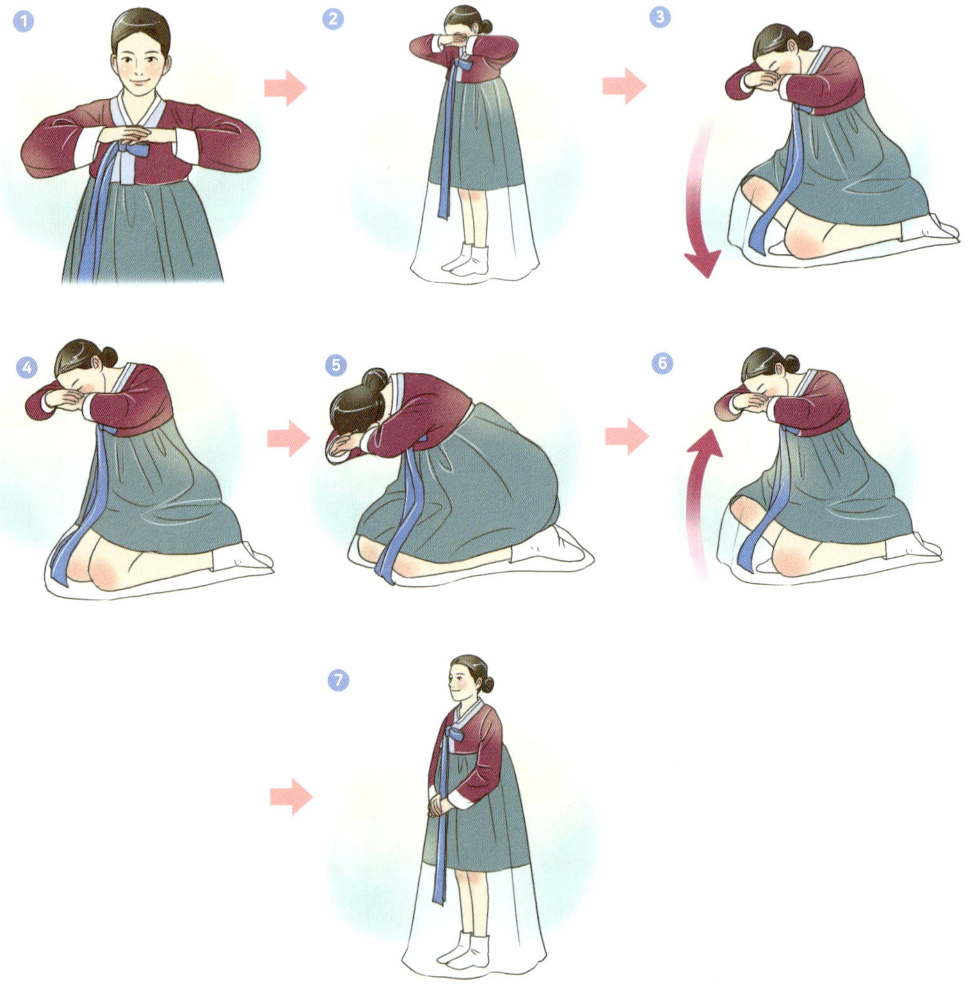

(1) 오른 손을 위로 하여 두 손을 모은 후에 어깨 높이까지 올린다.

(   ) 왼쪽 무릎을 꿇어 앉는다.

(   ) 일어나서 두발을 모으고 올렸던 손을 내린다.

(   ) 상체를 들면서 오른쪽 무릎을 먼저 세운다.

(5) 상체를 앞으로 숙인다.

(   ) 고개를 숙이고 이마를 손등에 댄다.

(   ) 오른쪽 무릎도 꿇는다

상체

II. 들어 봅시다

[1] 듣고 질문에 답하십시오.

1 들은 내용과 같은 것을 고르십시오. (　　)

① 에릭 씨와 사장님은 나이 차이가 크지 않다.
② 에릭 씨도 사장님께 세배를 드리는 것이 좋다.
③ 한국에서는 설날에 주고받는 특별한 선물이 있다.
④ 에릭 씨는 아이들에게 줄 선물을 사 가지고 갈 것이다.

[2~3] 듣고 질문에 답하십시오.

2 듣고 알 수 없는 것은 무엇입니까? (　　)

① 세배의 의미
② 떡국의 의미
③ 윷놀이를 하는 이유
④ 설날에 하는 전통 놀이

3 들은 내용과 다른 것은 무엇입니까? (　　)

① 복조리를 걸어 놓는 풍습은 요즘은 쉽게 볼 수 없다.
② 흰색인 떡국 떡은 밝은 새해를 맞이한다는 의미가 있다.
③ 설날에 아이들이 세배를 하면서 어른들께 세뱃돈을 드린다.
④ 연날리기에는 새해의 나쁜 운을 연에 실어 보낸다는 의미가 있다.

쓸쓸하다　덕담　세뱃돈

[4~6] 듣고 질문에 답하십시오.

4 다음은 중국의 새해 풍습입니다. 들은 내용과 같은 것을 고르십시오. (　　)

① 청소를 방의 가운데서부터 시작한다.
② 중국 사람들은 새해 첫날 청소를 한다.
③ 만두의 크기가 클수록 좋다고 생각한다.
④ 빨간 종이에 이름을 써서 가지고 다닌다.

5 각 나라의 새해 풍습에 맞게 연결하십시오.

중국 •	• 귀한 손님을 초대한다.
	• 절에 가서 기도를 한다.
일본 •	• 황금색 귤나무에 기도한다.
	• 빨간색 종이를 집에 붙여 놓는다.
베트남 •	• 여기저기에서 폭죽 소리가 들린다.
	• 새해가 되기 하루 전 날 국수를 먹는다.

6 이 이야기를 듣고 알 수 없는 것은 무엇입니까? (　　)

① 베트남 사람들이 새해에 먹는 음식
② 중국 사람들이 새해에 하지 않는 행동
③ 베트남 사람들이 새해에 하지 않는 행동
④ 일본 사람들이 새해를 맞이하면서 먹는 음식

풍습　둥글다　종교적　맞이하다　조리　폭죽이 터지다　새롭다　행운　황금색

정리해 봅시다

여러분 나라에서도 새해를 맞이하여 먹는 음식이 있습니까?
그 음식에는 어떤 의미가 있습니까?

일본에서는 설날에 한국의 떡국과 비슷한 음식을 먹어요.

20과 한국의 명절

2. 한국인의 추석

MP3 / 40

• 학습 목표: 추석에 대한 수필을 읽고 이해할 수 있다.

Ⅰ. 준비해 봅시다

1 여러분 나라에도 한국의 추석과 비슷한 명절이 있습니까? 그때 무엇을 합니까?

2 듣고 '명절 상차림 세트'에 관한 설명으로 맞는 것을 고르십시오. (　　)

① 구입 후 직접 찾으러 가야 한다.
② 명절 당일 새벽에 구입해야 한다.
③ 고객들이 음식의 양을 선택할 수 있다.
④ 이번 추석에 처음으로 판매되기 시작했다.

II. 읽어 봅시다

다음 글을 읽고 질문에 답하십시오.

이번 추석은 우리 가족에게 특별한 명절이었다.

그동안 명절마다 고향에서 돌아오는 길에 옆자리에 지쳐서 잠든 아내의 모습이 늘 마음이 쓰였다. 맞벌이 부부인 우리는 평소에는 집안일을 함께 하지만 명절 때만은 예외였다. 아내는 하루 종일 일을 해야 했고 나는 연휴를 즐기다가 돌아오곤 했다. 지난 설날에도 많이 힘들어하는 아내의 모습을 보고 마음이 아팠다. 그동안 고생한 아내에게 휴식이라는 선물을 주고 싶었다. 그래서 어머님과 형수님, 아내에게 이번 추석에는 남자들이 모든 일을 다 해 보겠다고 약속을 했다.

추석 전 날, 고향에 도착해서 점심을 먹고 산더미처럼 쌓인 그릇들을 깨끗이 설거지한 후, 송편부터 만들기 시작했다. 그동안 먹기만 하고 만들어 본 적은 없었다. 열심히 만들다가 문득 왜 송편이 반달 모양인지 궁금해졌다. 어머님께 여쭤보니 반달이 점점 커져서 보름달이 되듯이 점점 더 많은 복을 받으라는 뜻이 담겨 있다고 하셨다. 송편을 예쁘게 만들면 예쁜 딸을 낳는다는 말도 있다고 해서 정성껏 예쁘게 만들었다. 온 가족이 모여 이런 저런 이야기를 나누는데 이 시간이 참 편안하고 소중하게 느껴졌다. 명절이 아니라면 언제 이렇게 모여 이런 시간을 보낼 수 있을까?

송편을 만든 후에는 내일 차례 상에 올릴 음식들을 준비했는데 난 전을 부치는 일을 맡았다. 어렵지 않을 거라고 생각했는데 오랜 시간 앉아 있으니까 허리가 너무 아팠다. 차례 음식 준비가 끝나고 곧 저녁 먹을 시간이 왔다. 저녁상까지 차리고 치운 후 허리를 바로 펼수 없을 정도가 되니 일이 끝이 났다. 그동안 이러한 수

예외 산더미 문득 반달 보름달 차례 상 전을 부치다

고를 모르고 연휴만 즐기다가 돌아온 나를 생각하니 아내에게 미안한 마음을 숨길 수가 없었다.

추석 날 아침도 일찍부터 일어나서 청소 하랴 차례 상 차리랴 정신없이 지나갔다. 사실 가장 당황했던 이유는 차례 상을 차리는 것이 생각보다 어려웠기 때문이었다. 과일을 깎는 방법들도 평소와 다르고 음식마다 상에 놓는 위치도 정해져 있었다. 그 동안은 잘 차려진 차례 상에 절을 하고 음식만 먹으면 되는 것이었는데 이렇게 많은 정성이 들어간다는 것에 한번 더 놀랐다.

차례를 지내고 아침 식사를 한 후 근처에 사는 모든 친척들이 모여서 함께 성묘를 갔다. 어머님 댁 근처에 조상님들의 산소가 모여 있다. 걸어서 갈 만한 거리여서 선선한 가을바람을 맞으며 산책하는 기분으로 함께 걸어갔다. 아내가 힘들지 않냐고 물어봤다. 나는 그동안 많이 힘들었겠다고 하면서 괜찮다고 웃었다.

추석은 일 년 중 가장 밝고 둥근 달이 뜨는 날이다. 다행히 날씨도 좋아서 커다란 보름달이 너무 잘 보였다. 온 가족이 함께 밖에 나가서 달을 보면서 소원을 빌었다. 지친 모습이 아닌 밝고 행복한 표정의 아내를 보니 피곤이 사라지면서 기분이 좋았다. 아내의 행복이, 그리고 우리 가족의 행복이 아주 작은 일에서 시작될 수 있음을 깨달았다. 가을의 한 가운데에 있는 큰 날이라고 해서 한가위라고 부르기도 하는 추석. 한국인들에게 가장 큰 날, 마음이 넉넉해지는 날이 바로 이 추석이다. 나에게 이번 추석은 특별히 더 큰 의미로 다가왔다.

1 글쓴이가 한 일을 순서대로 쓰십시오.

❶ 고향에 도착했다.
❷ 차례 상을 차렸다.
❸ 보름달을 보고 소원을 빌었다.
❹ 성묘를 갔다.
❺ 차례를 지냈다
❻ 송편을 만들었다.
❼ 전을 부쳤다.

(❶) → ( ) → ( ) → ( ) →
( ) → ( ) → ( )

조상 산소 커다랗다

2 송편에 대한 설명으로 맞지 않는 것은 무엇입니까? (　　)

❶ 큰 보름달 모양으로 만든다.
❷ 글쓴이는 송편을 처음 만들어 봤다.
❸ 송편 모양의 의미는 복과 관계가 있다.
❹ 송편을 잘 만들면 예쁜 딸을 낳는다는 말이 있다.

3 이 글의 내용과 같은 것은 무엇입니까? (　　)

❶ 전을 부치는 일은 생각보다 힘들지 않았다.
❷ 글쓴이는 산책을 하다가 성묘를 가게 되었다.
❸ 차례 상에 음식을 놓을 때 정해진 위치에 놓아야 한다.
❹ 글쓴이는 평소에 집안일을 잘 하지 않은 것을 반성했다.

4 추석의 다른 이름은 무엇입니까? 그 의미는 무엇입니까?

____

정리해 봅시다

여러분 나라에도 가을에 하는 특별한 행사가 있습니까?
어떤 일을 합니까? 보기와 같이 이야기해 봅시다.

> 우리나라에는 추수감사절이 있어요. 매년 11월 셋째 주 일요일인데 한국의 추석과 비슷한 의미예요. 이날 가족들이 모여서 보통 칠면조를 먹고 즐거운 시간을 보내요.

복습

1 다음 글을 읽고 질문에 답하십시오.

정월 대보름은 음력 1월 15일로 옛날부터 우리 민족에게 설이나 추석만큼 중요한 명절이었다. 1월 1일 설날은 한 해를 시작하는 날이기 때문에 당연히 의미가 있었지만 음력을 기준으로 농사를 짓고 생활하던 우리 전통 사회에서는 첫 보름달이 뜨는 정월 대보름이 가진 의미는 특별했다. 옛날부터 둥근 보름달은 풍요와 다산의 상징이었다. 그래서 이 날 보름달을 보면서 건강과 복을 기원하는 여러 가지 행사를 하고 특별한 음식을 먹었다.

정월 대보름에 있었던 여러 가지 행사 중 쥐불놀이는 대보름날의 대표적인 놀이로 쥐를 쫓기 위해서 논에 불을 놓는 것을 말한다. 귀신을 쫓고 농사가 잘 되기를 바라면서 대보름 전날 밤에 논에 불을 놓는데 실제로 논을 태우면 전염병을 옮기는 쥐와 벼에 피해를 주는 벌레를 없앨 수 있어서 농사를 짓는 데 도움이 된다. 또한 달맞이는 저녁 6~7시 쯤 달이 뜨기 시작할 때 높은 곳에 올라가서 달을 보는 것을 말한다. 온 마을 사람들이 모두 나와서 함께 달맞이를 했는데 제일 먼저 달을 보는 사람에게 행운이 온다고 믿었다. 또한 달을 보고 점을 치기도 했는데 달빛이 붉으면 그 해 비가 많이 오지 않고 달빛이 희면 비가 많이 올 것이라고 추측했다. 또 보름달을 보면서 자신이 바라는 소원을 각자 빌기도 했다.

정월 대보름에 먹는 특별한 음식도 있다. 대보름에는 쌀과 팥, 콩, 수수 조 같이 평소에 흔히 먹을 수 없었던 다섯 가지 곡식이 들어간 오곡밥과 가을에 말려 놓은 나물로 만든 반찬 아홉 가지를 마을 사람들과 나눠 먹었다. 그러면 그 해에 더위를 타지 않고 건강하게 지낼 수 있다고 믿었다. 영양적으로는 오곡밥

민요 풍요 다산 논 불을 놓다 전염병 벼 점을 치다

과 나물을 먹어서 겨울 동안 부족했던 영양을 보충하는 의미가 있다. 또 정월 대보름이 되면 부럼을 깨문다. 부럼은 밤, 호두, 땅콩 같은 견과류를 말하는데 대보름날 아침에 자기 나이 수만큼 깬다. 딱딱한 견과류를 '딱 '깨뜨리면 그 소리에 귀신이 놀라 도망가서 일 년 동안 병이 생기지 않고 모든 일이 마음대로 된다고 믿었다. 실제로는 이를 튼튼하게 하려는 뜻도 있는데 아침에 딱딱한 음식을 꼭꼭 여러 번 씹으면 이 건강에 좋다고 한다. 귀밝이술은 보름날 아침에 마시는 술인데 맑은 술을 차게 해서 한 잔 마시면 그 해 귀가 밝아지고 귓병이 생기지 않는다고 해서 술을 못 먹는 사람들도 모두가 한 잔씩 마셨다. 옛날에는 지금처럼 다양한 곳에서 정보를 얻을 수 없어서 사람들의 말을 귀로 잘 듣는 것이 중요했기 때문이다.

정월 대보름은 추석, 설날과 함께 아직도 천년 넘게 이어져 내려오는 우리의 전통 명절이다. 오곡밥과 나물, 부럼 등은 영양이 풍부한 건강식품인 만큼 이번 정월 대보름에는 오곡밥과 부럼을 준비해서 가족들과 나눠 먹으며 건강과 평안을 빌어 보는 것도 좋을 것이다.

1. **보름달은 무엇을 상징합니까?**

____

2. **정월 대보름에 했던 행사와 맞는 것을 연결하십시오.**

	• 점을 친다.
쥐불놀이 •	• 소원을 빈다.
	• 전염병을 막는다.
달맞이 •	• 대보름날 저녁에 한다.
	• 정월대보름 전날 밤에 한다.

깨물다　견과류

복습

3. 정월 대보름에 먹는 음식을 모두 고르시오.

☐ 오곡밥	☐ 나물	☐ 고기
☐ 생선	☐ 부럼	☐ 귀밝이술

4. 여러분은 보름달을 보면서 어떤 소원을 빌고 싶습니까?

____

동지

동지는 양력 12월 21~22일로 일 년 중에 밤이 가장 길고 낮이 가장 짧은 날입니다. 동지를 지나면서 점점 낮의 길이가 길어지기 때문에 이 날부터 태양과 생명이 다시 살아난다고 생각했습니다. 그래서 전통 사회에서는 동지가 새로운 시작을 의미한다고 여겨서 '작은 설'이라고 불렀습니다.

팥죽은 설날에 떡국, 추석에 송편을 먹는 것처럼 동짓날에 먹는 대표적인 음식입니다. 우리 조상들은 동지에는 밤이 길어서 귀신이 활발하게 활동을 한다고 생각했기 때문에 귀신을 쫓기 위해서 팥죽을 먹었습니다. 왜냐하면 붉은 색 팥은 옛날부터 귀신을 쫓는 힘이 있다고 믿었기 때문입니다. 그래서 동짓날에 팥죽 국물을 사람이 드나드는 문이나 벽에 뿌리기도 했습니다.

한국에서는 이처럼 붉은 팥으로 만든 음식이 재앙을 막아 준다고 믿어서 옛날부터 좋은 일이 있을 때나 나쁜 일이 있을 때 팥죽, 팥밥, 팥떡을 만들어 먹었습니다. 그리고 이러한 전통은 사라지지 않고 지금까지 이어져 내려오고 있습니다.

1. 전통 사회에서 왜 동지를 중요하게 생각했습니까?

2. 여러분의 나라에도 귀신을 쫓는 풍습이 있습니까?

드나들다

부록

듣기 지문
모범 답안
색인

11과 <1> 현대인과 시간

II. 들어 봅시다

[1]

최근 대한 연구원에서는 20~50세 성인남녀 1,000명을 대상으로 시간에 대한 생각을 조사했습니다. 그 결과 전체 응답자의 75%가 시간이 부족하다는 생각을 자주 한다고 대답했습니다. 언제 시간이 부족하다는 생각이 드는지를 묻는 질문에서는 해야 할 일이나 공부가 밀려 있을 때가 43%로 가장 많았습니다. 휴식 시간이 없다는 생각이 들 때라는 대답이 그 뒤를 이었습니다.

또 이들의 하루 생활 시간을 조사했는데 그 결과를 살펴보면 평균 8시간을 일하고 6시간 잠을 자는 것으로 나타났습니다. 그러나 수면 시간에 대한 생각을 묻는 조사에서 잠자는 시간이 아깝다는 생각이 들 때가 많다고 대답한 사람이 57.2%로 반이 넘었습니다. 그 이유로 잠을 많이 자면 다른 사람보다 뒤떨어진다는 생각이 든다고 대답한 사람들이 가장 많았습니다.

[2~3]

남: 윤아야, 이번 방학에 유럽으로 여행을 간다고 했지? 정말 좋겠다. 계획은 다 세웠어?

윤아: 아니, 난 여행을 갈 때 특별한 계획없이 가는 걸 좋아해. 이번에 여행을 갈 때도 계획을 세우지 않으려고 해.

남: 정말? 여행을 갈 때 계획을 잘 세우는 것이 얼마나 중요한데. 계획을 세우면 같은 시간에 더 많은 일을 할 수 있어. 나는 정말 꼼꼼하게 계획을 세워. 먼저 내가 꼭 가 보고 싶은 유적지나 관광지 그리고 식당의 목록을 만들어. 비슷한 위치에 있는 것끼리 묶은 다음 그것에 맞춰서 일정을 짜. 일어나는 시간, 식사하는 시간, 숙소로 돌아와서 잠자는 시간까지 모두 다 정해 놓지. 교통편은 물론이고 그곳에서 꼭 사야 하는 물건, 식당에 가면 먹을 음식, 사진이 잘 나오는 장소까지 미리 다 조사해 가. 그래야 여행을 효율적으로 할 수 있어. 여행지에서 헤매거나 고민하면서 시간을 낭비하고 싶지는 않거든. 그곳에 다시 못 갈 수도 있으니까 시간을 최대한 활용해서 할 수 있는 것을 많이 해야지.

윤아: 넌 평소에도 그렇게 매일 계획을 세우더니 여행갈 때도 그러는구나. 하지만 난 너하고 생각이 달라. 여행을 하다가 보면 내가 생각하지 못했던 새로운 장소를 알게 될 수도 있고 직접 가 보기 전에는 알 수 없었던 맛있는 음식을 발견하게 될 수도 있어. 정해진 일정이 있다면 내가 정한 계획에 쫓겨서 새로운 것을 발견할 여유가 없을 수도 있어. 그리고 발견한다고 해도 먼저 정해 놓은 일 때문에 그것을 할 시간이 없을 거야. 내가 짠 계획 때문에 여러 가지 더 많은 것을 경험할 기회를 놓칠 수도 있다고 생각해. 그리고 무엇보다 우리는 정말 바쁘게 한 학기를 보냈잖아. 난 할 일도 없고 계획도 없는 자유로운 시간이 필요해. 그래야 다음 학기를 더 잘 보낼 수 있을 것 같아.

[4~6]

여: 여러분, 시간이 부족하다는 생각을 자주 하십니까? 정신없이 하루를 보내고 있지는 않으신가요? 우리에게 주어진 시간을 어떻게 더 효율적으로 사용할 수 있을까요? 오늘은 대한 기업 서은호 대표님을 모시고 시간을 관리하는 방법에 대한 이야기를 들어보겠습니다. 안녕하십니까? 대표님.

대표: 네, 안녕하십니까?

여: 대한 기업의 대표로 계시면서 대학에서 강의도 하시는 것으로 알고 있습니다. 그리고 요즘도 하루에 세 시간씩 외국어 공부를 하고 있다고 들었습니다. 같은 24시간을 살면서 이렇게 많은 일을 할 수 있는 특별한 방법이 있는지 궁금합니다.

대표: 네, 저도 대학 시절에는 하루에 네다섯 시간만 자는데도 시간이 부족하다고 느낄 때가 많았습니다. 내가 해야 할 일을 다 하지 못하고 있다는 생각이 들었어요. 할 일이 뒤늦게 생각난다든가 중요한 일을 잊어버린다든가 하는 일들도 가끔 있었지요. 그리고 어느 날 이것은 제가 시간을 효율적으로 사용하지 못하기 때문이라는 것을 알게 됐어요. 그때부터 시간을 관리하는 방법에 대해서 생각했어요.

여: 저희에게 도움이 될 만한 시간 관리 방법이 있다면 소개 부탁드립니다.

대표: 우선 첫 번째는 잠을 자기 전에 내일 할 일들을 기록하는 것입니다. 내일 해야 할 일과 그 일을 할 때 필요한 시간을 적으며 계획을 세웁니다. 이것만큼 중요한 일은 없습니다. 이렇게 하면 매일 준비된 아침을 맞을 수 있습니다.
다음으로 저는 중요한 일은 오전에 하는 것을 원칙으로 했습니다. 오전은 집중력 높은 시간이어서 일을 더 빠르게 처리할 수 있습니다. 오전에 큰일을 마치고 나면 오늘 하루를 성공적으로 보내고 있다는 기분이 들어서 오후를 잘 보낼 가능성도 높아지지요.
마지막은 자투리 시간을 활용하는 일입니다. 예를 들면 밥을 먹는 시간이나 출퇴근하면서 이동하는 시간에 신문을 읽거나 외국어를 공부했습니다. 회의 전에 생기는 짧은 시간에는 제 계획 실천을 점검하고 수첩에 기록했습니다.

여: 대표님의 시간 관리 방법 잘 들었습니다. 저도 대표님의 방법을 오늘부터 실천해 봐야겠습니다.

11과 <2> 도심 속 자연, 여의도 공원

I. 준비해 봅시다

남: 서울 강서구 마곡동에 서울 식물원이 문을 열었습니다. 축구장 70개, 여의도 공원의 2.2배의 크기인 이 식물원은 한국의 전통 정원과 세계의 여러 나라의 식물을 소개합니다. 식물원 안에는 큰 호수도 있어서 시민들은 이곳에서 자연을 느끼며 쉴 수 있습니다.
관람 시간은 오전 9시부터 오후 6시까지이고 매주 월요일에는 문을 열지 않습니다. 9호선 양천향교 8번 출구나 5호선 마곡역 3번 출구로 나오면 됩니다.

12과 <1> 한국어의 존댓말

II. 들어 봅시다

[1]

민철: 에릭, 오랜만이야!

에릭: 민철아, 반갑다! 그동안 잘 지냈어?

민철: 응, 난 잘 지냈지. 넌? 한국 생활은 어때?
에릭: 회사 일이 많아서 좀 힘들지만 괜찮아. 재미있는 일도 많고. 며칠 전에는 결혼한 여자 동료가 남편 이야기를 하면서 '우리 남편'이라고 하는 거야. 깜짝 놀랐지. 당황스럽기도 하고. 내가 놀라니까 사람들이 웃으면서 한국 사람들은 그렇게 말하기도 한다고 이야기해 줬어. 생각해 보니까 한국 사람들은 '나의' 라는 말 대신에 '우리'라는 말을 훨씬 자주 사용하는 것 같아. 영어에서는 '나의 집', '나의 학교', '나의 나라'라고 말하는 것을 한국 사람들은 '우리 집', '우리 학교', '우리나라' 라고 하잖아. 그 뿐만 아니라 '나의 아버지' '나의 어머니'를 '우리 아버지', '우리 어머니'라고 하는 것도 생각해 보면 정말 이상해. 처음 공부할 때는 별 생각이 없었는데 한국말은 알면 알수록 신기하고 재미있는 것 같아.
민철: 응, 맞아. 보통 언어에는 그 나라의 문화가 반영된다고 하잖아. 그건 자신이 속한 집단과 나라를 소중하게 생각하는 한국인들의 정신이 언어에 반영되어 나타나는 것이라고 해.

[2~3]

하늘: 레오 씨, 한국말을 배울 때 뭐가 가장 어려웠어요?
레오: 존댓말이요. 같은 의미를 가진 말인데 누구에게 이야기하냐에 따라서 다르게 써야 하는 거잖아요. 전 처음에 고향에서 한국 친구들과 자연스럽게 반말로 이야기하면서 한국말을 배웠기 때문에 한국에 와서 공부를 시작할 때 존댓말을 사용하는 것이 어려웠어요. 특히 누구에게 존댓말을 사용해야 하는 건지 모르겠더라고요. 우리 고향에도 존댓말과 비슷한 표현이 있지만 가까운 사이에서는 사용하지 않아요. 예를 들면 친구나 친하게 지내는 직장 동료, 부모님께는 모두 반말을 사용하지요. 그런데 한국에서는 가까운 관계라고 해도 나이 차이나 지위에 따라서 말을 놓으면 안 되는 경우도 많아요. 처음에 존댓말을 적절하게 사용하지 못해서 오해도 많이 받았던 것 같아요. 한국에 10년 살다 보니까 이제는 익숙해졌지요.

[4~6]

한국어의 가장 큰 특징 중의 하나는 바로 존댓말이 발달했다는 것입니다. 하지만 한국어에만 이런 표현이 있는 것은 아닙니다. 영어에는 특별한 존댓말은 없지만 예의를 갖추는 표현이 있습니다. 격식적인 자리에서는 그 자리에 맞는 단어와 문장을 사용합니다. 그 외에도 가까운 관계와 그렇지 않은 관계로 나누어서 각각 다른 표현을 사용하는 언어들도 많습니다.

이렇게 다른 나라에도 우리나라의 존댓말과 비슷한 표현들이 있기는 하지만 한국어만큼 존댓말과 반말을 확실히 나누어서 사용하는 언어는 없습니다. 또한 같은 존댓말이어도 나이나 지위의 차이에 따라서, 어떤 자리냐에 따라서 사용하는 말이 또 다릅니다. 그렇다면 한국어에서는 언제 존댓말을 사용해야 할까요?

우선 나이가 나보다 많은 사람에게는 존댓말을 써야 합니다. 따라서 가족이어도 할머니, 할아버지께는 보통 존댓말을 사용합니다. 또 나보다 높은 지위에 있는 사람에게도 존댓말을 사용합니다. 직장 상사에게는 그 사람이 나이가 어리다고 해도 존댓말을 써야 하는 것이지요. 또한 공식적인 자리에서나 여러 사람 앞에서 이야기하는 경우 존댓말로 이야기합니다. 발표를 하거나 회의를 진행하는 경우가 있겠지요. 마지막으로 한국에서는 처음 만났을 때는 모두 존댓말을 쓰는 것이 예의를 갖추는 것입니다. 나보다 나이가 어려도, 지위가 낮아도 존댓말로 대화를 시작해야 합니다. 이러한 것들은 모두 상대방을 배려하고 예의를 갖추는 한국인의 생각이 말에 들어 있는 것입니다. 따라서 한국의 부모들은 보통 어렸을 때부터 아이들에게 존댓말을 가르치는 것을 중요하게 생각합니다. 존댓말 교육은 다른 사람을 존중하고 배려하는 마음을 함께 배울 수 있게 하기 때문이지요. 존댓말은 곧 한국인의 정신이며 문화입니다.

12과 <2> 한국인의 정

I. 준비해 봅시다

여자: 며칠 전에 윤아 씨 집에 초대를 받아서 다녀왔는데 윤아 씨가 음식을 6가지나 준비를 했더라. 그런데 이상하게 준비한 게 별로 없다고 하는거야. 그리고 요리가 다 너무 맛있어서 요리사를 해도 되겠다고 칭찬을 했어. 근데 또 윤아 씨가 자꾸 아니라고 하는 거야. 자기가 생각할 때는 맛있지 않다고 생각하는 건가? 아니면 혹시 그렇게 직접적으로 칭찬을 하는 것이 한국에서는 실례인거야?
남자: 아니야. 보통 한국 사람들은 다른 사람을 존중하고 나를 높이지 않는 것이 옳다고 생각해. 예를 들어 한국 사람들은 칭찬을 들었을 때 겸손하게 대답하는 것이 아름답다고 생각하는 거지. 윤아 씨는 칭찬을 듣고 겸손하게 대답한거야.
여자: 아 그렇구나. 생각해 보니까 예전에도 그런 일이 있었어. 언어 교환 친구가 영어를 너무 잘해서 칭찬을 했더니 아니라고 하면서 조금 배웠을 뿐이라는 거야. 분명히 조금 배운 실력이 아닌데 말이야. 그때는 왜 그렇게 말했는지 이해할 수 없었는데 이제 조금은 이유를 알 것 같네.

13과 <1> 날씨와 국내 여행

II. 들어 봅시다

[1]

가: 비가 그치지 않네. 빗줄기가 굵어지고 있는데 우리 여행갈 수 있을까?
나: 그래도 미리 계획을 세우고 호텔도 예약해 놓았는데 이제 와서 취소할 수는 없잖아.
가: 어제만 해도 화창했는데 갑자기 비가 올 줄은 몰랐어. 그동안 시험 공부하느라 힘들 때마다 시험 끝나고 여행갈 것을 생각하면서 힘을 얻었는데 속상해.
나: 나도 이번 여행을 많이 기대했어.
가: 하지만 비가 이렇게 쏟아지는데 운전할 수 있겠어? 앞이 잘 안 보여서 위험할 것 같아. 그냥 취소하고 다음에 가는 게 어때?
나: 좀 천천히 운전해서 가면 되지 않을까? 오래 전부터 계획했던 여행이잖아. 계획했던 대로 출발하자. 내가 조심해서 운전할게.
가: 그래. 그럼 가자.

[2~3]

남: 흐엉 씨, 감기에 걸렸어요? 마스크를 쓰고 오셨네요.

여: 아니요. 감기 때문이 아니라 미세 먼지 때문에 쓰고 온 거예요. 요즘 미세 먼지 때문에 하늘이 너무 뿌연 것 같아요.

남: 그래서 '삼한사미'란 말도 생겼잖아요.

여: '삼한사미'가 무슨 뜻이에요?

남: 혹시 '삼한사온'이란 말을 들어 보셨어요?

여: 네. 어학당에서 배웠어요. '삼한사온'은 한국의 겨울에 3일은 춥고 그 다음에 이어지는 4일은 따뜻하다는 뜻이 맞지요?

남: 네, 맞아요. '삼한사온'은 한국의 전통적인 겨울 날씨를 설명하는 말이에요. 그런데 뉴스에서 요즘 겨울에 미세 먼지가 심하다는 것을 표현하기 위해서 '삼한사미'라는 새로운 말을 만들었어요. '삼한사미'는 3일은 춥고 그 다음에 이어지는 4일은 미세 먼지가 심하다는 뜻이에요. 요즘 뉴스에서 자주 들을 수 있는 단어예요.

여: 그렇군요. 이번 주말에 겨울 바다를 보러 친구와 속초에 가려고 하는데 미세 먼지가 심할까 봐 걱정이에요. 여행을 갈 때 마스크를 챙겨 가야겠어요.

남: 일기 예보에 따르면 이번 주말에도 미세 먼지가 심할 거라고 하는데 여행 계획을 미루는 게 어때요?

여: 그건 힘들어요. 친구와 약속했고 이미 계획도 다 세웠는걸요. 그리고 저도 이번 주말에 꼭 겨울 바다를 보러 가고 싶어요.

[4~6]

일기 예보에 따르면 한동안 추운 날씨가 계속될 거라고 합니다. 이렇게 추울 때는 밖에 나가기 싫어지고 따뜻한 집에만 있고 싶어집니다. 하지만 춥다고 집에만 있으면 건강도 나빠지고 기분도 우울해질 수 있답니다. 추운 겨울에 아름다운 자연 속으로 여행을 떠나는 것은 어떨까요? 오늘은 여러분께 한국의 멋진 겨울철 여행지를 소개해 드리겠습니다.

먼저 전라북도에 있는 덕유산을 보시겠습니다. 덕유산은 언제 가도 아름다운 산이지만 특히 겨울에 가면 그림과 같이 아름다운 설경을 보실 수 있습니다. 눈으로 하얗게 덮인 산에서 나뭇가지에 피어 있는 아름다운 눈꽃이 여행객들을 환영합니다. 추운 날씨에 산에 오르는 것이 힘들까 봐 걱정하시는 분들도 있겠지만 걱정하지 않으셔도 됩니다. 산꼭대기까지 가는 케이블카가 있기 때문입니다. 덕유산 꼭대기에서 아름다운 설경을 감상해 보세요.

다음은 강원도 춘천에 있는 남이섬입니다. 남이섬은 어디에서 사진을 찍어도 인생 최고의 사진을 얻을 수 있는 아름다운 섬입니다. 남이섬 선착장에서 배를 타고 맑은 강을 건너서 5~7분쯤 가면 남이섬에 도착합니다. 겨울 축제 기간에는 눈사람 만들기, 얼음 조각하기 등 다양한 체험을 하실 수 있습니다. 또한 하얀 눈이 쌓여 있는 아름다운 가로수 길은 연인들의 데이트 코스로도 유명합니다. 섬 곳곳에 모닥불이 있어서 몸을 녹일 수 있고 길을 걷다가 보면 오리, 토끼 등의 동물들을 볼 수 있습니다. 이 동물들은 사람들에게 익숙해져서인지 사람이 가까이 가도 도망가지 않습니다. 섬 전체가 작은 동물원 같습니다. 아름다운 남이섬에서 자연을 느껴 보세요.

마지막으로 소개해 드릴 곳은 충청남도에 있는 온양 온천입니다. 따뜻한 온천물에 몸을 담그고 있으면 피곤한 몸과 마음이 회복되고 모든 걱정이 사라지는 것 같습니다. 온양 온천은 조선 시대의 왕들이 병을 치료하거나 쉬기 위해서 자주 방문했던 곳이기도 합니다. 추운 겨울에 온양 온천의 따뜻한 물에 몸을 녹이면서 겨울철 추위를 잊어 보세요.

13과 <2> 혼자 하는 여행

I. 준비해 봅시다

혼자 해외여행을 할 때 아름다운 여행지의 사진은 쉽게 찍을 수 있지만 자신의 모습을 찍기는 어렵습니다. 지나가는 사람에게 사진을 찍어 달라고 부탁할 수 있겠지만 다른 나라 사람에게 부탁하는 것은 쉬운 일이 아닙니다. 하지만 셀카봉을 사용하면 혼자 하는 여행 중에서도 자신의 모습을 찍을 수 있습니다. 혼자 해외여행을 떠날 때 셀카봉을 꼭 챙겨 가세요. 그리고 약도 꼭 챙겨 가야 합니다. 감기약, 두통약, 진통제, 소화제 같은 약들뿐만 아니라 상처가 났을 때 바를 수 있는 연고도 함께 준비하는 것이 좋습니다.

14과 <1> TV프로그램

II. 들어 봅시다

[1]

대한민국과 일본의 아시아 컵 결승 경기가 내일 열립니다. 벌써부터 축구팬들은 물론 많은 국민들이 뜨거운 관심을 보이고 있습니다.

우리나라는 지난번에 베트남과 연장 경기 끝에 1대 0으로 힘들게 승리를 했습니다. 충분히 쉬었더라면 좋았을 텐데 4일 만에 일본과 싸워야 해서 우리 선수들의 몸이 완전히 회복되지 않았을 것으로 예상됩니다. 하지만 일본은 지난 바레인과의 경기에서 여러 선수들을 골고루 활용하면서 비교적 쉽게 결승에 올라왔습니다.

내일 축구 경기에 대해서 우리나라 축구국가대표팀 감독은 "어려운 경기가 되겠지만 그동안 국민들의 많은 사랑과 응원을 받았으니 꼭 국민들에게 기쁨을 드리겠다"고 말했습니다.

대한민국과 일본의 축구 경기는 내일 오후 8시에 KBC에서 방송됩니다.

[2~3]

진행자: 다음 도전하실 분을 모시도록 하겠습니다. 지금 나오신 분은 김영수 씨입니다. 어떻게 저희 프로그램에 출연하시게 됐습니까?

출연자: 저는 지금 대학생인데 여행을 좋아합니다. 상금을 받아서 꼭 유럽 여행을 가고 싶습니다.

진행자: 그럼 마지막 7단계까지 가야겠는데요. 목표를 꼭 이루시기 바랍니다. 자, 그럼 1단계 문제를 선택해 주시기 바랍니다. 몇 번 하시겠습니까?

출연자: 네, 3번 선택하겠습니다.

진행자: 그럼 문제를 시작하겠습니다. 3번 문제입니다. 삼겹살을 먹으면 몸에 쌓인 먼지가 없어진다? 맞습니까? 틀립니까?

출연자: 틀립니다.

진행자: 네, 정답입니다. 이것은 과학적인 이유가 없고 오히려 삼겹살의 기름이 먼지와 붙어서 목에 더 안 좋은 영향을 끼칠 수 있습니다. 먼지를 없애려면 물을 많이 마시는 게 더 효과적입니다.

진행자: 다음 2단계 문제입니다. 몇 번을 선택하시겠습니까?

출연자: 5번 선택하겠습니다.
진행자: 문제 나갑니다. 속담 '사람은 죽어서 이것을 남기고 호랑이는 죽어서 가죽을 남긴다'에서 이것은 무엇일까요?
출연자: 정답은 '이름'입니다.
진행자: 네, 정답입니다.

[4~6]

리포터: 요즘 최고의 인기를 얻고 있는 드라마 '비밀의 문' 주인공을 모셨습니다. 모든 분들이 좋아하는 배우 김민규 씨입니다. 안녕하세요? 반갑습니다. 지금 방송을 보고 계시는 시청자들께 인사 부탁드립니다.
배우: 초대해 주셔서 감사합니다. 안녕하세요? 드라마 '비밀의 문'에 출연 중인 배우 김민규입니다.
리포터: 바쁘신 중에 출연해 주셔서 감사합니다. 이번 작품이 이렇게 큰 인기를 얻을 거라고 예상하셨습니까? 인기의 이유가 뭐라고 생각하십니까?
배우: 그동안 볼 수 없었던 새로운 소재에 배우들의 연기가 좋고 운도 따른 것 같습니다.
리포터: 아, 그렇군요. 기억에 남는 대사나 장면이 있습니까?
배우: 4개월 동안 추운 겨울에 산에서 촬영했는데 달리고 넘어지는 장면이 많아서 다친 적도 있었고 고생을 많이 했습니다. 작품 속에서 제가 범인이고 박진우 선배님이 경찰로 나와서 저와 갈등 관계에 있었는데 선배님과 비를 맞으면서 싸우던 장면이 기억에 많이 남습니다.
리포터: 항상 부드러운 역할을 해 오시다가 이번 작품에서 그동안의 이미지와 전혀 다른 어둡고 강한 역할을 맡으셨는데 걱정되지 않으셨습니까?
배우: 새로운 역할이어서 처음에는 고민을 많이 했고 도전하기가 쉽지 않았습니다. 지금까지 나쁜 역할은 해 본 적이 없어서 힘들었지만 또 다른 경험을 할 수 있어서 흥미로웠습니다.
리포터: 쉬지 않고 바쁘게 달려오셨는데 다음 목표는 무엇입니까?
배우: 전에는 작품의 성공이 가장 중요했지만 요즘은 좋은 사람이 되고 싶다는 생각을 많이 합니다. 빨리 결혼해서 좋은 아버지, 좋은 남편이 되고 싶습니다.
리포터: 네, 오늘 시간 내 주셔서 감사드립니다.

14과 <2> 1인 방송인

I. 준비해 봅시다

안녕하세요? 김지은이에요. 오늘은 휴대 전화에 대한 이야기를 해 볼게요. 바로 세종 전자에서 새로 나온 최신 제품이에요. 다른 회사 제품들보다 기능이 떨어진다고 들었는데 정말 그런지 볼까요? 일단 제가 가지고 있는 것은 빨간색인데 색깔이 참 예뻐요. 색은 까만색, 하얀색, 파란색, 노란색, 빨간색 5가지가 있어요. 카메라가 다섯 개 있고 크기는 손에 딱 들어와서 좋네요. 화면도 중간 크기라서 보기에 좋고요. 무거운 건 쓰기 불편한데 무게도 150g으로 가벼운 편이에요. 소리를 들어 볼까요? 음... 소리도 이전 제품보다 깨끗해졌지만 다른 회사 제품에 비하면 좋지는 않은데 가격을 생각하면 그렇게 나쁜 편도 아닌 것 같아요.

15과 <1> 한국인의 여가 생활

I. 들어 봅시다

[1]

지난해 한국의 청소년들을 대상으로 여가 시간에 하는 일에 대해서 조사한 결과 여가 시간의 대부분을 인터넷을 하면서 보내는 것으로 나타났습니다. 이들은 하루 평균 2.8시간의 여가 시간 중 72%를 인터넷을 하면서 보내고 있었습니다. 그러나 이러한 청소년들의 여가 활동은 문제가 있어 보입니다. 최근 한 대학의 연구팀은 청소년의 여가 활동과 행복에 대한 연구를 실시했습니다. 연구 결과 인터넷을 하면서 여가 시간을 보낸 청소년들이 다른 활동을 한 청소년들보다 덜 행복하다고 느낀 것으로 나타났습니다. 다른 활동으로는 혼자 책을 읽거나 산책하는 활동, 친구와 함께 운동을 하거나 이야기를 하는 활동 등이 있었습니다.

[2~3]

사회자: 요즘 여가 시간이 증가하면서 어떻게 여가를 보내는 것이 좋을까에 대한 고민을 하게 됩니다. 여기에 계신 두 분은 여가 시간을 어떻게 보내고 계십니까?
남: 저는 요즘 학원에서 빵 만드는 것을 배우고 있어요. 매주 토요일에 배우는데 아직은 좀 어려워요. 사실 요즘 회사에 다니면서 일이 제 적성에 맞지 않는다는 생각을 할 때가 있어요. 그럴 때마다 미래에 대한 걱정이 생기더라고요. 그래서 주말에 제 능력을 개발하는 시간을 갖기로 결정했어요. 열심히 배워서 자격증 시험도 보고 저만의 빵도 만들어 볼 거예요. 그리고 언젠가는 회사를 그만두고 빵집을 열려고 해요. 그런 미래를 꿈꾸면 가끔 회사에서 일이 많아서 몸이 힘들 때에도 마음은 지치지 않아요. 여가 시간에 집에서 쉬는 것도 좋지만 자신의 능력을 개발하는 시간을 갖는 것이 여가 시간을 잘 활용하는 것이라고 생각해요.
여: 전 여가 시간에는 취미활동이나 평소에 하고 싶었지만 시간이 없어서 못 했던 일들을 하면서 스트레스를 풀어야 한다고 생각해요. 그래야 다시 열심히 일을 할 수 있는 힘이 생기거든요. 저는 사람들과 만나는 것을 좋아하는데 회사에서는 모두들 바쁘니까 동료들과 긴 이야기를 나눌 시간이 별로 없어요. 그래서 주말에 보통 친구들을 만나서 시간을 보내요. 친구와 함께 맛집을 찾아가기도 하고 미술관이나 박물관에 가기도 해요. 또 다양한 사람을 만나고 싶어서 동호회에도 가입했어요. 와인 동호회인데 와인을 마시면서 사람들과 여러 이야기를 나눠요.

[4~6]

유키: 우진 씨는 등산을 자주 하나 봐요. 우진 씨 에스엔에스(SNS)에 산에서 찍은 사진들이 많던데요.
우진: 네, 저는 등산을 아주 좋아해요. 쉬면서 여가 시간을 보내는 사람이 있는가 하면 활동적으로 보내는 사람도 있잖아요? 저는 작년까지는 집에서 잠을 잔다든가 집 근처 극장에 가서 영화를 본다든가 하면서 여가 시간을 보냈어요. 그런데 올해 회사를 옮기면서 이곳의 동료들과 같이 등산을 하기 시작했는데 산꼭대기에 올라갔을 때 머리가 맑아지는 것 같은 기분이 정말 좋아요. 또 높은 곳에서 바라보는 경치가 어찌나 아름다운지 사진을 찍는 새로운 취미가

생겼어요. 제가 본 아름다운 것들을 사진으로 남기고 싶더라고요. 그렇게 등산의 매력에 빠지게 되어서 요즘은 일주일에 두 번 산에 가요.

유키: 한국 사람들은 등산을 참 좋아하지요? 한국에 와서 등산이 취미인 사람을 많이 봤어요. 등산복을 입은 사람들도 자주 봤고요. 특히 지하철 안에서 가족이나 친구들과 함께 등산을 다녀오는 사람들을 자주 볼 수 있어요.

우진: 네, 얼마 전에 신문에서 봤는데 지난 10년 동안 한국 사람들이 가장 좋아하는 취미는 등산이었대요. 운동도 할 수 있고 자연도 느낄 수 있고. 등산이 인기가 많은 것은 이렇게 일석이조의 효과가 있기 때문이겠지요?

유키: 네, 저도 한국에 있을 때 등산을 해 보려고 생각은 하고 있는데 시간이 없어서 간다 간다 하는 게 못 가고 있어요.

우진: 그럼 유키 씨는 시간이 날 때 보통 뭘 해요?

유키: 저는 얼마 전까지는 시간이 날 때마다 한국어 공부를 했어요. 그런데 그렇게 공부만 하다가는 한국 문화는 하나도 모르고 고향에 돌아가게 될 것 같은 생각이 들더라고요. 그래서 얼마 전에 한국 요리를 배우기로 결심했어요. 시간이 별로 없으니까 학원에 가지는 못하고 집에서 인터넷으로 강의를 들으면서 음식을 만들어요. 한국 음식을 많이 먹어 봐서 만드는 것도 쉬울 것이라고 생각했는데 직접 만드는 것은 정말 어렵더라고요. 그래도 시작이 반이라는 말이 있잖아요? 앞으로 열심히 배워 보려고 해요.

15과 <2> 여가 시간 잘 보내기

I. 준비해 봅시다

남: 윤아야, 내가 기타를 좀 배우고 싶은데 적당한 곳이 없을까? 요즘은 일찍 퇴근해서 그런지 저녁 시간에 좀 심심할 때가 있어. 그래서 기타를 한번 배워 볼까 해.

윤아: 신촌역 근처에 음악 학원이 있던데 거기에 한번 가 보지 그래?

남: 안 그래도 지난주에 그 학원에 갔다 왔어. 선생님도 좋으시고 학원 분위기도 좋았는데 수업료가 나한테는 좀 비싸더라고.

윤아: 그랬구나. 아! 서대문 문화체육회관 알아? 그곳에 여가 시간에 배울 만한 여러 수업들이 있던데 인터넷으로 한번 찾아봐. 그리고 보통 백화점 안에는 문화센터가 있는데 그곳에서도 악기나 운동, 요리 같은 것들을 배울 수 있어. 수업료가 별로 비싸지 않고 수업의 종류도 많아.

남: 정말 좋은 정보인 것 같아. 고마워.

16과 <1> 버리는 물건의 재활용

II. 들어 봅시다

[1]

아들: 엄마! 이걸 언제 다 나눠요? 그냥 버리면 안돼요? 귀찮아요.

엄마: 안 돼. 이것들을 그냥 버리면 땅에 묻거나 태워서 없애야 하는데 그럼 환경이 얼마나 오염되는지 생각해 봤니? 우리가 흔하게 사용하는 페트병, 플라스틱 그릇, 비닐 같은 것들이 땅 속에서 완전히 없어지려면 500년이 걸린대. 며칠 전에 죽은 고래가 발견됐는데 뱃속에 플라스틱 쓰레기와 비닐이 가득했다는 뉴스 봤지? 플라스틱 사용이 너무 많아지니까 처리하기가 힘들고 바다에 흘러 들어간 플라스틱 쓰레기는 동물들을 죽이기까지 하고 있어. 물론 플라스틱의 사용도 줄여야 하지만 일단 이렇게 다 나눠서 버려야 해. 그래야 재활용할 수 있어. 빨리 하자~

[2~3]

사람들이 다 쓰고 버린 재료를 재활용하여 가방을 만드는 회사가 있습니다. 스위스의 한 가방 회사를 소개해 드리겠습니다. 이 회사는 쓰다가 버린 트럭 덮개로 가방을 만들고 자동차의 안전띠로 어깨끈을 만듭니다. 또 버려진 자전거의 타이어로 가방의 끝부분을 처리합니다. 대학교에서 미술을 전공했던 사장은 길을 가다가 물에 젖지 않게 만들어진 트럭의 덮개로 가방을 만들면 비가 오는 날에도 가방 안의 물건들이 젖지 않을 것이라는 생각이 들었습니다. 이렇게 만들기 시작한 가방이 23년 후인 오늘날 전 세계 사람들에게 사랑 받으며 매년 30만 개 이상이 판매되는 제품이 될 것이라고는 그때는 상상하지 못했겠지요. 이 회사의 제품은 트럭 덮개로 만들어지기 때문에 매우 튼튼하고 가볍습니다. 또한 기계가 아닌 사람이 직접 손으로 하나하나 만든다고 합니다. 그래서 가격이 싸지는 않지만 개성과 실용성 모두를 중요하게 생각하는 요즘 젊은 사람들에게 큰 인기를 끌었습니다. 특히 트럭에서 오랜 시간 사용된 덮개로 가방을 만들다 보니 냄새와 얼룩이 남아 있는데도 이것 역시 젊은 세대들이 하나의 패션으로 받아들이면서 크게 성공할 수 있었습니다.

[4~6]

리포터: 오늘은 아주 특별한 집을 소개해 드리려고 합니다. 신촌동에 사시는 김민아 씨 집인데요. 함께 보시죠. 안녕하세요. 김민아 씨, 집이 참 깨끗하네요. 꽃도 많고요. 그런데 이 화분들은 직접 만드신 거예요?

김민아: 이건 페트병을 재활용해서 제가 만든 거예요. 페트병을 자른 후 색칠을 해서 만들었어요. 페트병이 가벼워서 이렇게 벽에 걸어 놓기에 좋아요.

리포터: 손재주가 참 좋으시네요. 여기 부엌도 참 정리가 잘 되어 있어요.

김민아: 이건 우유팩으로 만든 정리함이에요. 다 쓴 우유팩에 예쁜 종이를 붙이고 그림을 그려서 만들었어요. 또 옷장 서랍 안도 같은 방법으로 작은 상자들로 공간을 나눠서 사용하고 있어요. 이렇게 해서 양말이나 속옷을 정리하면 아주 깔끔해져요.

리포터: 이게 우유팩이었다니 믿을 수가 없네요. 그럼 이 양념통도 직접 만드신 거예요?

김민아: 네, 이 양념 통들은 음료수 병으로 만들었어요. 다 먹은 음료수 병을 한번 뜨거운 물에 끓인 후 겉에 제가 원하는 무늬를 그려서 만든 거예요. 여러 양념을 넣어두는데 플라스틱 통을 사서 쓰는 것보다 이게 훨씬 더 위생적이에요. 큰 유리병들은 꽃병으로 만들어서 거실에 놓았어요.

리포터: 정말 대단하신데요. 어떻게 이런 작업들을 시작하게 되셨나요?

김민아: 대학교에서 디자인을 전공했어요. 시간이 날 때 하나씩 만들다가 보니 좋은 점이 많더라고요. 정리가 재미있어지고 쓰레기를 재활용해서 만드는 거니까 환경 보호를 하고 있다는 생각이 들어서 기분이 좋았어요. 또 돈도

절약할 수 있고요.

리포터: 그래서 요즘은 이렇게 페트병이나 유리병, 우유팩을 다시 예쁘게 만드는 방법을 가르치는 수업도 하고 계시다고 들었어요.

김민아: 네, 맞아요. 처음에는 친한 이웃들끼리 같이 취미생활을 하려고 모여서 함께 만들어 봤는데 점점 많은 분들이 배우기를 원하셔서 이제는 시간을 정해서 가르쳐 드려요.

리포터: 저도 한번 배워 보고 싶네요. 오늘 귀한 시간 내 주셔서 감사합니다.

16과 <2> 플라스틱 사용을 줄이기 위한 노력

I. 준비해 봅시다

앵커: 올해 8월 1일부터 카페 매장 안에서의 일회용 컵 사용이 모두 금지됩니다. 자세한 내용을 박은비 기자가 전해 드리겠습니다.

기자: 일회용품 사용을 줄이기 위한 정부의 노력이 시작되었습니다. 8월부터 카페 매장 안에서 음료를 마시는 손님에게 일회용 컵을 제공하면 안 됩니다. 이를 지키지 않으면 최대 200만원의 벌금을 내야 하는 법이 만들어졌습니다. 현재 우리나라 국민 한 명이 소비하는 플라스틱의 양은 세계 1위입니다. 환경오염이 심각해지고 있는 요즘 이제 플라스틱 쓰레기 문제는 재활용을 열심히 하는 것만으로는 해결할 수 없는 문제가 되었습니다. 이 법에 대한 시민들의 반응은 매우 긍정적입니다. 아마도 최근 나타난 이상 기후 현상으로 환경오염에 대한 시민들의 생각이 많이 달라졌기 때문인 것으로 보입니다. 이 뿐만 아니라 배달 음식이나 음식점에서 사용하는 일회용 그릇들도 줄이도록 해야 한다는 목소리도 여기저기에서 나오고 있습니다.

17과 <1> 우리 사회의 개인주의

II. 들어 봅시다

[1]

남: 우진 씨는 너무 이기적인 것 같아요. 자기 일을 열심히 잘하는 건 좋은데 다른 사람의 일에 너무 관심이 없어요. 그리고 지난 번 회식 때도 참석하지 않았잖아요. 분명히 회식이 있다는 것을 알고 있었을 텐데 일이 있다고 하면서 가더라고요. 모두 함께 하는 회식보다 개인적인 일을 더 중요하게 생각하는 것 같아요.

여: 저는 우진 씨가 이기적이라고 생각하지 않아요. 혹시 개인주의를 이기주의라고 생각하시는 건 아니에요?

남: 저는 개인주의와 이기주의의 차이를 잘 모르겠어요.

여: 개인주의와 이기주의는 달라요. 이기주의는 남이 어떻게 되든지 상관없이 자신의 이익과 권리만 중요하게 생각해요. 그래서 갈등을 일으키지요. 하지만 개인주의는 내가 존중받고 싶은 만큼 다른 사람을 존중해요. 자신의 권리와 자유를 중요하게 생각하지만 다른 사람의 권리와 자유도 중요하게 생각하고 다른 사람을 배려하지요. 우진 씨는 자기가 맡은 일을 잘하고 다른 사람에게 피해를 안 줘요. 그리고 자기가 존중받고 싶은 만큼 다른 사람들을 존중하는 사람이에요. 그런 면에서 이기적이라는 표현보다는 개인주의라는 말이 우진 씨에게 어울릴 것 같아요.

[2~3]

혹시 '혼밥'이나 '혼술'이라는 말을 들어 보셨습니까? 요즘 텔레비전에서 종종 들을 수 있는 말인데 '혼밥'은 '혼자 밥 먹기', '혼술'은 '혼자 술 마시기'를 의미합니다. 과거에는 사람들과 어울려서 밥을 먹거나 술을 마셔야 한다고 생각하는 사람들이 많았습니다. 하지만 우리 사회에서 개인주의가 강해지면서 요즘에는 다른 사람들의 시선을 의식하지 않고 혼자 자유롭게 밥을 먹거나 술을 마시는 사람들이 많아졌고 이에 따라 '혼밥', '혼술'이라는 새로운 말도 생겼습니다. 또한 혼자 밥을 먹는 사람을 뜻하는 '혼밥족', 혼자 술을 마시는 사람을 뜻하는 '혼술족'이란 말도 생겼습니다. 이런 사람들이 많아지면서 식당이나 술집들은 그들이 혼자 편하게 밥을 먹거나 술을 마실 수 있도록 1인용 좌석을 마련하거나 칸막이가 있는 식탁을 준비하는 등 새로운 고객을 끌기 위해 노력하고 있습니다.

하지만 걱정의 목소리도 들립니다. 대한 연구소의 조사 결과에 따르면 혼자 밥을 먹는 남성이 다른 사람들과 어울려서 밥을 먹는 남성에 비해서 건강이 나빠질 위험이 2배나 높다고 합니다. 전문가들은 많은 사람들이 혼밥족처럼 혼자의 시간을 즐기다가 스스로를 외롭게 만들 수 있다고 걱정합니다.

다른 사람의 눈치를 볼 필요가 없는 자유로운 삶도 좋지만 그 뒤에는 숨겨진 외로움이 있다는 것을 생각해 볼 필요가 있습니다.

[4~6]

남: 요즘 회사에서 함께 일하는 젊은 사람들을 보면 참 답답합니다. 제가 처음 회사에 입사했을 때는 저를 포함한 그 당시 젊은 사원들이 상사의 지시를 잘 듣고 따랐습니다. 그리고 회사가 어려울 때는 주말에도 회사에 나가서 함께 일하고 가끔 업무가 끝나면 다 같이 회식을 하면서 수고했다고 서로를 격려했습니다. 상사의 집에 가서 함께 식사하면서 이런저런 이야기를 할 때도 있었습니다. 그리고 회사에서 제가 맡은 일을 다 끝내도 상사가 퇴근하지 않으면 회사에 남아서 상사가 퇴근할 때까지 기다렸습니다. 그런데 요즘 젊은 사람들은 너무 개인주의가 심한 것 같습니다. 상사가 아직 퇴근하지 않았는데 자기 일이 끝났다고 먼저 퇴근하는 직원들을 몇 번 보았습니다. 또한 요즘 젊은 사람들에게서는 회사를 사랑하는 마음을 찾아보기가 힘듭니다. 저는 팀의 단합을 위해서 자주 회식을 하고 싶은데 요즘 젊은 사람들은 회식도 별로 안 좋아하는 것 같습니다.

여: 저는 요즘 젊은 사람들의 개인주의가 나쁘다고 생각하지 않습니다. 개인의 삶도 소중한데 왜 회사를 위해서 자신의 삶을 희생해야 합니까? 회사가 어려우니까 주말에도 회사에서 일해야 한다든가 일을 다 끝내도 상사가 퇴근할 때까지 회사에 남아야 한다든가 하는 생각에 저는 찬성할 수 없습니다. 일이 남아 있다면 야근을 하겠지만 일이 없는데도 상사가 퇴근하지 않아서 회사에 남아 있는 것은 시간 낭비라고 생각합니다. 또한 필요하지 않은 희생을 강요하는 것처럼 보이기도 합니다. 저는 회사의 목적을 이루는 것도 중요하지만 회사 안에서 개인의 꿈을 이루는 것도 중요하다고 생각합니다. 저도 나이가 들고 회사에서 상사가 되니까 요즘 젊은 직원들을 이해하기 힘들 때가 있습니다. 하지만 젊은 사람들의 개인주

의를 나쁘게만 볼 게 아니라 그들을 이해하기 위해 노력하면서 함께 일해 나갈 방법들을 고민하는 것이 낫지 않을까요?

17과 <2> 따로 또 같이, 함께 사는 집

I. 준비해 봅시다

정미: 윤아 씨, 다음 달에 학교 기숙사에서 나가셔야 하잖아요. 저도 다음 달에 나가야 하는데 같이 집을 얻어서 함께 사는 게 어떨까요?

윤아: 안 그래도 요즘 월세가 너무 비싸서 고민하고 있었는데 잘됐어요. 정미 씨와 함께 살면 외롭지 않고 월세도 아낄 수 있고 일석이조네요.

정미: 학교 가까운 곳에 방 2개짜리 아파트가 있는데 보증금과 월세를 나눠서 내고 같이 살면 어떨까요? 제가 그 아파트에 가 봤는데 깨끗하고 거실도 넓어서 마음에 들었어요.

윤아: 저도 집을 좀 보고 싶은데요.

정미: 잠깐만요. 오늘 저녁에 윤아 씨와 제가 집을 보러 가도 되는지 지금 부동산에 전화해서 물어볼게요.

18과 <1> 새로운 가치관

II. 들어 봅시다

[1]

앵커: 여러분, 2만 원짜리 커피, 10만 원 짜리 치약을 구입하신 적이 있습니까? 요즘 젊은 사람들 사이에서 불확실한 미래의 행복보다 지금 확실하게 누릴 수 있는 작은 행복을 위한 이런 소비가 유행이라고 하는데 박 기자가 좀 전해 주시죠.

박 기자: 네, 경제가 어려워지면서 외국에서 수입한 고가의 자동차나 유명하고 비싼 가방 대신에 적은 돈으로 크게 만족을 느낄 수 있는 물건에 돈을 쓰는 젊은이들이 늘고 있습니다.

앵커: 그런데 왜 그럴까요?

박 기자: 요즘은 젊은이들이 취업도 힘들고 연애나 결혼 어느 것 하나 쉽지 않아서 행복감을 느끼기 어렵다고 합니다. 또 경쟁이 심한 사회가 되어서 희망이 보이지 않고 미래를 꿈 꿀 수 없기 때문에 현재의 작은 행복에 만족하는 것 같습니다.

[2~3]

앵커: 최근 한 조사 결과에 따르면 입사 1년 안에 신입 사원들 10명 중 3명이 회사를 그만둔다고 합니다. 예전에는 입사한 지 1년 정도 되었을 때에는 일을 배우느라고 가장 바쁠 시기였는데요. 어떻게 된 일인지 자세한 소식 김나래 기자가 전해 드리겠습니다.

기자: 직장인 이정희 씨는 대학을 졸업한 후 대기업에 1년 정도 다니다가 방송국 기자로 2년 동안 근무했습니다. 그리고 지금은 또 다른 직업을 찾기 위해서 유학을 준비하고 있습니다.

젊은 사람들이 이처럼 직장을 자주 옮기는 이유에 대해서 경제적으로 큰 어려움 없이 자란 세대여서 사회생활에 적응을 하지 못하기 때문이라는 말도 있습니다. 하지만 제일 큰 이유는 평생 일할 수 있는 직장이 사라졌기 때문에 요즘 직장인들은 언제든지 회사를 그만두고 옮길 생각을 하는 것입니다. 실제로 조사 결과에 따르면 '평생직장은 없다'는 의견이 55%로 반 이상이 넘었습니다. 이런 변화에 따라서 직장을 옮기는 것에 대해서 사람들의 생각도 과거와 다르게 긍정적으로 바뀌고 있습니다.

또 기성세대는 평생 평균 두 번 정도 직장을 옮겼지만 요즘 젊은 세대는 처음 직장에 들어간 후부터 10년 동안 평균 네 번이나 직장을 옮깁니다. 직장을 옮길 때에도 전혀 다른 직업으로 바꾸는 경우도 전보다 늘어났습니다. 다시 직장을 구하지 않고 자기 사업을 시작하는 사람들이 꾸준히 늘고 있는 것도 특징입니다.

시대가 달라지면서 젊은 세대의 가치관이 과거와 분명히 달라지고 있는 것입니다.

[4~6]

과거에는 결혼하지 않고 혼자 사는 것에 대해서 부정적인 생각이 많았습니다. 왜냐하면 사람들이 결혼도 하지 않고 아이도 낳지 않으면 국가가 흔들리는 수가 있기 때문입니다. 그래서 인권에 대한 개념이 없었던 예전에는 결혼하지 않은 사람들에게 세금을 더 받는 등 결혼을 하지 않으면 차별을 받는 일도 있었습니다.

그런데 요즘은 혼자 살아도 별로 불편하지 않은 세상이 되었기 때문에 결혼을 하지 않는 사람들이 늘고 있습니다. 통계청의 조사 결과에 따르면 지난해 국내 결혼율이 통계 조사가 시작된 이후 가장 낮은 것으로 나타났습니다. 인구 1000명당 결혼 건수는 1970년에는 9.2건이었고 1980년에 10.6건으로 가장 높았는데 그 후 계속 줄어들다가 2001년에 6.7건을 기록했고 그후로도 계속해서 줄었습니다.

이렇게 결혼을 안 하는 사람들이 늘어나면서 결혼하지 않는 것에 대한 생각도 조금씩 달라지고 있습니다. 그래서 요즘에는 '미혼'이라는 말이 '원래 꼭 해야 하는 결혼을 아직 안 했다'라는 의미로 시대에 뒤떨어진 표현이라고 해서 다른 말을 쓰자는 의견이 많습니다. 즉 이제 결혼은 모든 사람이 꼭 해야 하는 필수가 아니라 선택이기 때문에 이런 변화에 맞게 말도 바꾸어야 한다는 것입니다.

지난 해 전국의 20대에서 40대의 미혼 남녀를 대상으로 조사한 결과에 따르면 50%가 '결혼은 안 해도 된다'고 응답했습니다. 또 결혼을 안 하는 제일 큰 이유를 살펴보면 남성들은 비싼 결혼 비용과 집값 그리고 가족을 책임져야 한다는 부담 때문에 결혼하고 싶지 않다고 합니다. 반대로 여성들은 아이를 낳고 기르는 문제와 이 때문에 직장을 다닐 수 없을까 봐 걱정합니다. 그밖에 '자신의 꿈을 이루기 위해서', '새로운 관계를 유지하기가 어려워서', '결혼하면 자유가 없어지고 희생해야 해서', '적당한 배우자가 없어서' 등의 이유로 결혼을 하지 않았습니다.

과거에는 결혼하는 것을 당연하게 생각했습니다. 하지만 이제는 다양한 이유로 결혼하지 않는 사람들이 늘어나고 있는 시대입니다. 이제는 결혼하지 않는 것도 여러 가지 삶의 방식 중 하나로 인정하고 개인의 선택으로 존중해야 합니다.

18과 <2> 새롭게 태어난 도시

I. 준비해 봅시다

10년 전만 해도 사람들이 거의 떠났던 도시가 새롭게 변하고 있습니다. 이곳은 미국의 한 작은 도시입니다. 이 도시는 얼마 전 교통시스템을 모두 바꿨습니다. 운전기사가 없는 전기 버스가 마을마다 다닙니다. 지하철과 버스 등 대중교통이 잘 되어 있어서 교통량이 많지 않기 때문에 위험하지 않습니다. 가장 많이 변한 건 쓰레기 문제입니다. 도시 곳곳의 정해진 장소에 종류대로 나눠서 쓰레기를 버리면 쓰레기가 지하로 들어가서 자동으로 처리되는데 냄새가 안 나고 환경도 깨끗해져서 시민들이 아주 좋아한다고 합니다.

19과 <1> 선택의 삶

II. 들어 봅시다

[1]

남: 윤아야, 두 회사에서 모두 입사 시험에 합격했다고 연락이 왔다면서? 정말 좋겠다.

윤아: 고마워. 그런데 두 회사 중에서 하나를 선택하는 것이 생각보다 힘든 일인 것 같아. 어느 회사로 가야할 지 결정을 잘 못 하겠어.

남: 그래? 내가 너라면 별로 고민하지 않고 월급이 많은 회사를 선택할 것 같은데.

윤아: 물론 월급도 중요하지. 그런데 그것 말고도 근무 시간, 우리 집에서 회사까지의 거리, 회사 복지 등 고려해야 할 것이 너무 많아서 고민이 될 따름이야.

남: 그래, 네 이야기가 맞는 것 같아. 얼마 전에 내 친구가 회사에 취직을 했어. 전부터 다니고 싶어하던 곳이어서 취직이 됐을 때 정말 기뻐했거든. 그런데 요즘은 회사에 다니는 것이 힘들대. 회사가 집에서 멀어서 출퇴근하는 데에 시간이 너무 오래 걸리고 또 일이 너무 많아서 야근을 할 때도 있다고 하더라고. 그래서 그런지 살도 많이 빠졌더라. 그러니 너도 신중하게 생각해 보고 결정하는 게 좋을 것 같아.

[2~3]

우리는 끊임없이 선택을 하면서 삽니다. '점심에 자장면을 먹을까, 짬뽕을 먹을까'와 같은 작은 선택도 있지만 미래에 큰 영향을 줄 수 있는 중요한 선택도 있습니다. 잘못된 선택은 오랫동안 우리의 인생에 나쁜 영향을 줄 수 있기 때문에 우리는 바른 선택을 하기 위하여 노력해야 합니다. 여러분은 중요한 선택을 해야할 때 어떤 생각을 하십니까? 저는 중요한 결정을 할 때 다음의 3가지를 생각합니다.

먼저 그 일을 선택했을 때의 좋은 점과 나쁜 점을 생각해 보는 것입니다. 종이에 적어보는 것도 좋습니다. 장점과 단점을 적어 보면 그것을 객관적으로 바라볼 수 있게 됩니다.

다음은 먼 미래의 내 모습을 생각해 보는 것입니다. 내일, 다음 주의 내 모습이 아니라 10년 후의 나를 생각합니다. 그리고 10년 후의 나는 지금의 이 선택에 대해서 어떻게 생각할 것인지, 이 선택의 어떤 점을 후회할 것인지에 대해서 생각합니다. 이 방법은 쉽고 편안한 선택보다 나중에 후회하지 않을 선택을 할 수 있게 도와 줍니다.

마지막으로 다른 사람의 생각이 아닌 내 마음의 소리를 듣는 것입니다. 다른 사람의 충고나 조언을 무시하라는 이야기가 아닙니다. 나의 선택에서 가장 중요한 것은 나 자신이라는 이야기입니다. 우리는 부모님이 실망하실 것 같아서, 친구들에게 부끄러워서 원하지 않는 선택을 할 때가 있습니다. 그러나 나 자신이 진짜로 원하는 것이 무엇인지를 잘 생각해 보는 것이 중요합니다. 인생은 다른 사람의 것이 아니라 나의 것이기 때문입니다.

[4~6]

준이: "준이와 민아의 행복한 라디오". 오늘은 '내 인생의 선택'이라는 주제로 여러분들의 이야기를 들어보고 있습니다. 이번에는 신촌에 사시는 김정연 씨께서 보내주신 이야기를 들어보겠습니다. 민아 씨가 이야기를 읽어주시죠.

민아: 네. "안녕하세요 저는 신촌에 사는 김정연입니다. 어제 저는 오랜만에 대학교 동창 수빈이를 만났습니다. 수빈이를 만나고 돌아오는 길에 여러 가지 생각이 들어서 이렇게 행복한 라디오에 제 이야기를 보내게 되었습니다. 어제 만난 수빈이는 대학 시절 저의 단짝 친구였습니다. 우리는 공부를 함께 하고 미래에 대한 고민도 나누었습니다. 대학교 4학년 때는 취직 준비도 같이 했습니다. 그런데 수빈이는 대학을 졸업한 후에 갑자기 취직을 하지 않고 세계 여행을 떠나겠다고 했습니다. 그동안 함께 했던 친구가 떠난다니 섭섭했지만 취직을 해야 하는 중요한 때에 여행을 떠나는 수빈이를 이해할 수가 없었습니다. 그 후로 오랫동안 수빈이와 연락이 되지 않았습니다. 그 사이에 저는 원하던 회사에 취직을 했고 다른 사람보다 빨리 승진도 했습니다. 회사에서 함께 일하던 동료와 결혼을 하고 아이도 한 명 낳았습니다. 아이를 낳은 후에는 회사를 그만둘까 고민을 많이 했지만 내가 좋아하는 일과 아이를 기르는 것, 두 가지를 함께 해 보기로 결정했습니다. 그리고 전 요즘 정신없이 바쁜 생활을 하고 있습니다.
그런데 지난주에 갑자기 수빈이에게 전화가 왔습니다. 그리고 대학 졸업후 8년 만에 수빈이를 만났습니다. 오랜만에 만난 수빈이는 작가가 되어 있었습니다. 그동안 여행하면서 느낀 것들을 책으로 썼는데 인기가 많아서 곧 다른 책도 나올 것이라고 했습니다. 여유롭게 여행을 다니며 글도 쓰는 수빈이의 모습이 멋있었습니다. 수빈이와 헤어지고 집에 돌아오는 길에 전쟁같이 바쁜 하루하루를 살고 있는 내 모습이 조금 힘들게 느껴졌습니다. 그때 그런 용기있는 선택을 했던 수빈이가 부럽기도 했습니다. 그리고 '지금까지 살면서 내가 만났던 선택의 순간들에 다른 결정을 했다면 지금 나는 어떤 모습으로 살고 있을까' 하는 생각을 해 봤습니다. 그렇지만 지금 나에게는 사랑하는 일과 가족이 있습니다. 다른 선택을 했더라면 지금 이 소중한 것들이 나에게 없었을 것입니다. 그때로 돌아간다고 해도 아마 저는 지금과 같은 선택을 할 것 같습니다.

19과 <2> 나의 꿈

I. 준비해 봅시다

남: 미선아, 넌 꿈이 뭐야? 나중에 무슨 일을 하고 싶어?

미선: 글쎄. 사실 난 아직 잘 모르겠어. 넌?

남: 난 배우가 되고 싶어. 그래서 요즘 학원에서 연기 연습을 하고 있어.

미선: 와! 멋있다. 난 뭘 해야 할지 고민만 하고 있어. 얼마 전에 신문에서 봤는데 10년 후에는 지금 있는 직업들의 80%가 사라질 거래. 그 기사를 보고 나니까 더 결정하기가 힘들어. 영화에서처럼 타임머신을 타고 미래에 다녀오고 싶어. 미래에 어떤 직업들이 있는지 알게 되면 뭘 해야 할지 결정하는 데 도움이 될 것 같아.

20과 <1> 새해 풍습

II. 들어 봅시다

[1]

윤아: 에릭 씨, 다음 주가 설날인데 특별한 계획이 있어요?

에릭: 회사 사장님 댁에 초대를 받았어요. 제가 혼자 쓸쓸하게 지낼까 봐 걱정이 되셨나 봐요. 그런데 설날이 한국에서 아주 큰 명절이라는데 뭐 특별한 것을 사 가지고 가야 하는 걸까요? 특별히 주고 받는 선물이 있어요?

윤아: 특별히 정해진 것은 없어요. 그냥 작은 선물을 사 가지고 가면 돼요. 과일이나 떡 같은 음식도 괜찮고요. 요즘 마트에 가면 설날에 선물할 수 있는 생활용품 세트도 많이 팔아요.

에릭: 아, 그렇군요. 그리고 한국 사람들은 설날에 세배를 한다던데 저도 해야 하나요?

윤아: 아니에요. 에릭 씨는 사장님과 나이 차이도 별로 나지 않으니까 안 해도 될 거예요. 만약 사장님 댁 아이들이 세배를 하면 새해 복 많이 받고 건강해라 같은 덕담을 해 주시면서 세뱃돈을 조금 주시면 돼요.

[2~3]

한국의 설날은 음력 1월 1일입니다. 각각의 나라마다 특별한 새해 풍습이 있는데요. 한국인들의 설날 풍습에 대해서 이야기해 보겠습니다. 한국인들은 설날에 떡국을 먹는데 하얗고 둥근 떡국의 떡은 태양을 의미합니다. 떡국을 먹는 풍습은 오래 전 태양을 신처럼 생각했던 종교적 의미에서 시작됐는데 떡국을 먹고 태양처럼 밝은 새해를 맞이하자는 의미를 가지고 있습니다. 그리고 설날 아침 아이들은 웃어른들의 건강을 바라면서 새 옷을 입고 어른들께 세배를 합니다. 세배를 받은 어른들은 세뱃돈을 주시고 덕담을 해주는 것이 전통이지요. 또 윷놀이나 연날리기 같은 전통 놀이를 하기도 하는데 특히 연날리기에는 새해의 나쁜 운을 연에 실어 날려 보낸다는 의미가 있습니다. 요즘 점차 사라지고 있는 풍습도 있습니다. 예전에는 사람들이 쌀에서 돌을 골라내는 도구인 조리를 벽에 걸어 놓는 풍습도 있었습니다. 이것은 조리가 나쁜 돌을 골라내고 좋은 쌀만 남기는 것처럼 가정에도 나쁜 것은 다 빼고 좋은 것만 들어오라는 의미입니다. 그래서 설날에 걸어 놓는 조리를 '복조리'라고 불렀습니다.

[4~6]

오늘은 여러 나라의 새해 풍습에 대해서 이야기를 해 보겠습니다.

중국에서는 설날을 춘절이라고 부릅니다. 중국 사람들은 춘절이 되면 나쁜 일을 없앤다는 의미로 만두를 먹습니다. 만두의 발음이 오래된 것을 버리고 새로운 것을 받는다라는 의미의 단어와 발음이 같기 때문입니다. 재미있는 것은 만두의 크기가 크고 둥글수록 더 큰 복을 받는다고 생각한다는 것입니다. 또 집집마다 빨간 종이에 새해의 바람을 적어 문에 붙여 놓는 것도 아주 특별한 풍경이라고 할 수 있습니다. 중국의 춘절기간에는 15일 동안이나 계속 폭죽이 터지는 소리를 들을 수 있습니다. 이 모든 것들이 나쁜 운을 쫓기 위해서라고 합니다. 중국 사람들은 설날이 되기 9일 전에 미리 청소를 하는데 방 청소를 할 때 구석에서부터 먼지를 쓸기 시작해서 가운데로 모은 후 뒷문으로 던져 버린답니다. 나쁜 것을 던져버린다는 의미지요. 그런 후에 설날 당일에는 청소를 하지 않습니다. 이것은 새롭게 온 행운을 쓸어버리지 않기 위해서입니다. 또 행운을 잘라 버리지 않겠다는 의미로 음식을 칼로 자르지 않는다고 합니다.

일본에도 새해 문화가 있습니다. 일본에서는 새해가 오기 전에 청소를 하고 12월 마지막 날에 온 가족이 함께 모여서 메밀국수를 먹습니다. 국수의 긴 면처럼 오래 살기를 바라는 마음이 담겨 있는 음식이지요. 그리고 새해가 되면 가까운 절에 가서 절을 하면서 소원을 빕니다. 특히 일본에서는 새해 당일에 음식을 하지 않고 미리 준비해 놓은 음식을 먹는다고 합니다. 여기에는 조용한 분위기 속에서 새해를 맞이한다는 의미와 모든 사람들이 휴식을 취하자는 의미가 함께 담겨 있습니다.

베트남에서도 설날이 아주 큰 명절입니다. 설날이 되면 황금색 귤나무를 사서 복이 오기를 기도합니다. 귤나무가 돈을 부른다고 믿기 때문입니다. 또한 설날의 첫 손님은 행운을 가져다 준다고 믿어서 귀한 손님을 초대하는 풍습이 있습니다. 특히 베트남 사람들은 설날이 되면 특별히 그릇이 깨지지 않도록 조심합니다. 이때 그릇이 깨지면 아주 나쁜 일이 일어날 거라고 믿기 때문이지요. 또한 칼이나 약을 건네주는 것도 금지되어 있고 행운을 쓸어 버린다고 생각해서 청소도 하지 않습니다.

이렇게 나라마다 설날을 보내는 풍습이 다릅니다. 하지만 나쁜 것은 가고 복이 오기를 바라는 마음은 모두 같은 마음인 것 같습니다.

20과 <2> 한국인의 추석

I. 준비해 봅시다

그동안 명절 음식을 준비하느라고 힘드셨지요? 이제 새벽에 일어나 바쁘게 음식 준비를 하는 대신에 명절 상차림을 한 번에 해결해주는 '명절 상차림 세트'를 이용해 보세요! 저희 연세 쇼핑의 '명절 상차림 세트'는 전, 나물, 갈비, 김치 등의 명절 필수 음식 9가지 종류로 이루어져 있습니다. 지난 설의 인기에 이어서 이번 추석에도 판매를 시작했는데 특히 이번에는 각 음식의 양을 고객님께서 선택하실 수 있습니다. 원하시는 대로 갈비 양을 늘릴 수도 있고 김치 양을 줄일 수도 있는 것이죠. 물론 세트 이외에 필요한 음식을 따로 구입하는 것도 가능합니다. 인터넷 홈페이지에서 구입한 후 받기를 원하는 날짜를 정하시면 그 날짜에 맞추어서 배달을 해 드립니다. 지금 바로 주문하세요!

모범 답안

11-1 현대인과 시간

Ⅰ. 준비해 봅시다.

2. 시간 관리

Ⅱ. 들어 봅시다.

1. ②
2. ③
3. ①
4. ①
5. ①
6. 가. 자기 전에 내일 할 일 쓰기 – 3. 준비된 상태로 아침을 맞을 수 있다.
   나. 중요한 일은 오전에 하기 – 1. 집중력이 높은 시간이어서 더 빨리 일을 처리할 수 있다.
   다. 자투리 시간 활용하기 – 2. 출퇴근 시간을 이용하여 책을 읽거나 공부를 한다.

Ⅲ. 정리해 봅시다.

생략

11-2 문화체험

Ⅰ. 준비해 봅시다.

2. ②

Ⅱ. 읽어 봅시다.

1. ③
2. ㄷ ㄹ ㄴ ㄱ
3. ④
4. 자연생태의 숲 - 6
   문화 마당 - 1,5
   잔디마당 - 2
   한국전통의 숲 - 3,4

Ⅲ. 정리해 봅시다.

생략

12-1 한국어의 존댓말

Ⅰ. 준비해 봅시다.

2. ④

Ⅱ. 들어 봅시다.

1. ④
2. ④
3. 같은 의미를 가진 말인데 누구에게 이야기 하느냐에 따라서 다르게 써야 해서.
4. ②
5. ③
6. 1) 나보다 나이가 많은 사람에게
   2) 나보다 지위가 높은 사람에게
   3) 공식적인 자리에서나 여러 사람 앞에서 이야기하는 경우
   4) 처음 만나는 사람에게

Ⅲ. 정리해 봅시다.

생략

12-2 한국인의 정

Ⅰ. 준비해 봅시다.

2. ②

Ⅱ. 읽어 봅시다.

1. ③
2. ②
3.

과거	현재
아팠을 때 하숙집 아주머니께서 죽을 끓여 주시고 약을 건네셨다. 한국 친구들이 마치 가족의 일인 것처럼 걱정해 줬다.	과일 가게 아주머니께서 항상 산 것보다 한두 개 더 챙겨 주신다. 옆집 아주머니께서 감자를 가져다 주셨다.

4. ①

Ⅲ. 정리해 봅시다.

생략

◆ 복습 (11~12과)

1. 도시의 다양한 공간을 활용해서 농사를 짓는 것
2. 1) 몸과 마음의 건강에 도움이 된다.
   2) 도시 환경을 더 좋게 만들 수 있다.
   3) 식재료를 스스로 마련할 수 있다.
3. 라 → 나 → 다 → 가

13-1 날씨와 국내 여행

Ⅰ. 준비해 봅시다.

2. ④

Ⅱ.들어 봅시다.

1. ④
2. ①
3. ☑ 요즘 뉴스에서 자주 들을 수 있다.
   ☐ 한국의 전통적인 겨울 날씨를 설명하는 말이다.
   ☑ 미세 먼지가 심하다는 것을 설명하기 위해서 만들어진 말이다.
   ☐ 3일 동안 날씨가 춥고 그 후에 이어지는 4일은 따뜻하다는 뜻이다.

4. ③
5. ①
6. 흐엉: "요즘 너무 피곤해서 푹 쉬고 싶어요." — 온양 온천
주앙: "눈 덮인 산의 아름다운 경치를 보고 싶어요." — 덕유산
카마우: "여자 친구와 눈이 덮인 아름다운 길을 걸으며 데이트하고 싶어요." — 남이섬

Ⅲ. 정리해 봅시다.

생략

13-2 혼자 하는 여행

Ⅰ. 준비해 봅시다.

2. ③

Ⅱ. 읽어 봅시다.

1. ②
2. ④
3. ③
4. ①

Ⅲ. 정리해 봅시다.

생략

14-1 TV 프로그램

Ⅰ. 준비해 봅시다.

2. ④

Ⅱ. 들어 봅시다.

1. ④
2. ③
3. ①
4. ②
5. ①
6. ①

Ⅲ. 정리해 봅시다.

생략

14-2 1인 방송인

Ⅰ. 준비해 봅시다.

2. ③

Ⅱ. 읽어 봅시다.

1. 1) 아리스: 화장
   2) 김제니: 장난감
   3) 박정원: 게임
2. ④
3.

1인 방송인	인기가 있는 이유
아리스	시청자들의 의견을 바로 방송에 반영하기 때문에
김제니	7살 제니의 시각으로 찍기 때문에
박정원	건전한 영상과 바른 말들 때문에

4. ③

Ⅲ. 정리해 봅시다.

생략

◆ 복습 (13~14과)

1. ④
2. 1) 완전히 여행에 집중할 수있다.
   2) 나에게 집중할 수 있다.
3. ①
4. ④

15-1 한국인의 여가 생활

Ⅰ. 준비해 봅시다.

2. ③

Ⅱ. 들어 봅시다.

1. ③
2. 1) 남 2) 여 3) 남 4) 여
3. ②
4. 1) 등산 2) 사진 찍기
5. ③
6. ☑ 한국 문화를 알고 싶은 마음이 있다.
   ☐ 요즘 인터넷으로 한국어 강의를 듣는다.
   ☐ 아직 강의를 들으면서 음식을 만들어 본 적이 없다.
   ☑ 앞으로도 계속 한국 음식 만드는 것을 배워 볼 생각이다.

Ⅲ. 정리해 봅시다.

생략

15-2 여가 시간 잘 보내기

Ⅰ. 준비해 봅시다.

2. 백화점 문화센터

Ⅱ. 읽어 봅시다.

1. ④
2. ④
3. ①
4. ☑ 기타 교실 수업은 7명까지 신청할 수 있다.
   ☐ 직접 가거나 전화로 수업을 신청할 수 있다.
   ☑ 수업 신청을 하면 다음 날까지 수업료를 내야 한다.
   ☑ 기타 교실 수업을 신청하면 약 3달 동안 수요일마다 기타를 배울 수 있다.

Ⅲ. 정리해 봅시다.

생략

16-1 버려지는 물건의 재활용

Ⅰ. 준비해 봅시다.

2. ④

Ⅱ. 들어 봅시다.

1. ③
2. ④
3. ③
4. ④
5.

화분	페트병
정리함	우유 팩
양념 통	음료수 병
꽃병	큰 유리병

6. ③

Ⅲ. 정리해 봅시다.

생략

16-2 플라스틱 사용을 줄이기 위한 노력

Ⅰ. 준비해 봅시다.

2. ③

Ⅱ. 읽어 봅시다

1. 첫 번째 단락 ― 플라스틱의 사용과 환경오염
   두 번째 단락 ― 플라스틱 사용을 줄이기 위한 여러나라의 노력
   세 번째 단락 ― 플라스틱의 사용을 줄일 수 있는 개인적 노력의 방법
   네 번째 단락 ― 플라스틱 사용을 줄이는 것은 필수이다.

한국	카페 안에서 일회용 컵의 사용을 금지 하였다.
인도 카르나타카	일회용 플라스틱 사용이 금지되어 있다.
호주 콜스베이	비닐봉지 사용이 금지되어 있다.
케냐	비닐봉지 사용이 금지되어 있다.
미국 샌프란시스코	비닐봉지뿐만 아니라 공공기관 건물에서 페트병에 담긴 생수 판매가 금지되어 있다.

3. ①
4. 1) 개인 컵 및 텀블러를 사용한다.
   2) 비닐봉지 대신 장바구니를 활용한다.
   3) 플라스틱 대신에 다른 재료로 만들어진 제품을 적극적으로 찾아서 사용한다.

Ⅲ. 정리해 봅시다.

생략

◆ 복습 (15~16과)

1. ②
2. ③
3. 1) 가까운 곳에서 금, 은 등의 금속을 얻을 수 있다.
   2) 환경을 보호할 수 있다.
   3) 새로운 일자리를 제공한다.
4. ②

17-1 우리 사회의 개인주의

Ⅰ. 준비해 봅시다.

2. ③

Ⅱ. 들어 봅시다.

1. ③
2. ②
3. ①
4. ②
5. ④
6. ④

Ⅲ. 정리해 봅시다.

생략

17-2 따로 또 같이, 함께 사는 집

Ⅰ. 준비해 봅시다.

2. 1) 외롭지 않다.
   2) 월세를 아낄 수 있다.

Ⅱ. 읽어 봅시다.

1. ①
2. ④
3. ③
4. 같이 사는 사람들과 갈등이 생길 수 있고 혼자 살 때보다 불편한 점들이 있다.

Ⅲ. 정리해 봅시다.

생략

18-1 새로운 가치관

Ⅰ. 준비해 봅시다.

2. ③

Ⅱ. 들어 봅시다.

1. ②
2. ③
3. 평생 일할 수 있는 직장이 사라졌기 때문에
4. ③
5. 남자: 비싼 결혼 비용과 집값, 가족을 책임져야 한다는 부담
   여자: 아이를 낳고 기르는 문제, 이 때문에 직장을 다닐 수 없을까 봐
6. ①

Ⅲ. 정리해 봅시다.

생략

18-2 새롭게 태어난 도시

Ⅰ. 준비해 봅시다.

2. ☐ 전기 자전거
   ☑ 쓰레기 처리 시설
   ☑ 운전기사가 없는 전기 버스
   ☐ 운전하는 사람이 없는 지하철

Ⅱ. 읽어 봅시다.

1. ②
2. 가스탱크 - 다이빙장
   공장 사무실 - 호텔
   석탄을 나르던 철길 - 산책로
   공장의 가장 높은 곳 - 전망대
   더러운 물을 흘려보내던 물길 - 워터파크
3. 1) 지역 주민들도 즐기고 스스로 살아갈 수 있도록 문화 산업을 계획했다.
   2) 사람만이 아니라 자연과 환경을 생각했다.
   3) 새 건물을 짓는 것이 아니라 있던 건물을 재활용했다.
4. ③

Ⅲ. 정리해 봅시다.

생략

◆ 복습 (17~18과)

1. ③
2. ☑ 최근 새로운 주거 형태로 등장하였다.
   ☐ 셰어하우스에 살려면 취미가 있어야 한다.
   ☑ 주거비를 줄일 수 있다는 경제적인 장점이 있다.
   ☐ 방, 거실, 주방을 함께 사용하는 주거 형태를 말한다.
3. ①
4. 생략

19-1 선택의 삶

Ⅰ. 준비해 봅시다.

2. ②

Ⅱ. 들어 봅시다

1. ③
2. ③
3. ①
4. ①
5. ②
6. ☑ 수빈이와 글쓴이는 대학 시절 친한 친구였다.
   ☑ 두 사람은 대학 졸업 후 오랫동안 만나지 못했다.
   ☐ 글쓴이는 동료와 결혼할 때 회사를 그만둘까 고민을 했다.
   ☐ 수빈이가 세계여행을 떠날 때 그 선택을 이해할 수는 있었지만 섭섭했다.

Ⅲ. 정리해 봅시다.

생략

19-2 나의 꿈

Ⅰ. 준비해 봅시다.

2. ②

Ⅱ. 읽어 봅시다.

1. ①
2. 방 벽에 존경하는 사람들의 사진을 붙여 놓고 힘들 때마다 그 사진을 본다.
3. ☑ 여러 번 실패하였지만 포기하지 않았다.
   ☐ 타고난 재능이 성공 여부를 결정한다고 생각했다.
   ☑ 실패를 통하여 다른 것을 배울 수 있다고 생각했다.
   ☐ 어두운 것을 무서워해서 전구를 발명에 관심을 가지기 시작했다.
4. ③

Ⅲ. 정리해 봅시다.

생략

20-1 여러 나라의 새해 풍습

Ⅰ. 준비해 봅시다.

2. (1) 오른 손을 위로 하여 두 손을 모은 후에 어깨 높이까지 올린다.
   (3) 왼쪽 무릎을 꿇어 앉는다.
   (7) 일어나서 두발을 모으고 올렸던 손을 내린다.
   (6) 상체를 들면서 오른쪽 무릎을 먼저 세운다.
   (5) 상체를 앞으로 숙인다.
   (2) 고개를 숙이고 이마를 손등에 댄다.
   (4) 오른쪽 무릎도 꿇는다.

Ⅱ. 들어 봅시다.

1. ①
2. ③

3. ③
4. ③
5. 중국 · · 귀한 손님을 초대한다.
· 절에 가서 기도를 한다.
일본 · · 황금색 귤나무에 기도한다.
· 빨간색 종이를 집에 붙여 놓는다.
· 여기저기에서 폭죽 소리가 들린다.
베트남 · · 새해가 되기 하루 전 날 국수를 먹는다.
6. ①

Ⅲ. 정리해 봅시다.

생략

20-2 한국인의 추석

Ⅰ. 준비해 봅시다.

2. ③

Ⅱ. 읽어 봅시다.

1. (1) → (6) → (7) → (2) → (5) → (4) → (3)
2. ①
3. ③
4. 한가위, 가을의 한 가운데에 있는 큰 날

Ⅲ. 정리해 봅시다.

생략

◆ 복습 (19~20)

1. 풍요와 다산
2. 쥐불놀이 - 전염병을 막는다. 정월대보름 전날 밤에 한다.
   달맞이 - 점을 친다. 대보름날 저녁에 한다.
3. ☑ 오곡밥 ☑ 나물 ☐ 고기
   ☐ 생선 ☑ 부럼 ☑ 귀밝이술

색인

어휘 색인

ㅇ

ㅈ